A Cozinha dos Alquimistas

Berenice de Lara

A Cozinha dos Alquimistas

EDITORA PENSAMENTO
São Paulo

Copyright © 2003 Berenice de Lara.

Todos os direitos reservados. Nenhuma parte deste livro pode ser reproduzida ou usada de qualquer forma ou por qualquer meio, eletrônico ou mecânico, inclusive fotocópias, gravações ou sistema de armazenamento em banco de dados, sem permissão por escrito, exceto nos casos de trechos curtos citados em resenhas críticas ou artigos de revistas.

Design da capa e desenhos de Everaldo Araújo dos Santos.

Todas as sugestões de uso dos elixires de cristais apresentadas neste livro vêm sendo testadas e aplicadas com toda a segurança durante os últimos 10 anos pelo autor, pelos terapeutas por ele credenciados e seus clientes, bem como por pessoas que se interessaram pelo uso dos elixires de cristais e os incorporaram à sua alimentação, como forma de elevar o padrão das energias. Entretanto, nem o autor nem os editores aceitarão qualquer responsabilidade por nenhuma lesão supostamente decorrente da utilização dos mesmos.

O primeiro número à esquerda indica a edição, ou reedição, desta obra. A primeira dezena à direita indica o ano em que esta edição, ou reedição, foi publicada.

Edição	Ano
1-2-3-4-5-6-7-8-9-10-11	04-05-06-07-08-09-10-11

Direitos reservados
EDITORA PENSAMENTO-CULTRIX LTDA.
Rua Dr. Mário Vicente, 368 — 04270-000 — São Paulo, SP
Fone: 6166-9000 — Fax: 6166-9008
E-mail: pensamento@cultrix.com.br
http://www.pensamento-cultrix.com.br

Impresso em nossas oficinas gráficas.

*Para Gabriela, que veio ao mundo
no mesmo momento que este livro,
desejando que sua vida seja iluminada
pelo brilho verdadeiro dos cristais.*

The Road Not Taken

*Somewhere ages and ages hence
Two roads diverged in a wood, and I —
I took the one less traveled by
And that has made all the difference.*

Robert Frost

*(Em algum lugar, em um tempo muito distante
    Dois caminhos se abriram em uma floresta e eu
Eu tomei o menos trilhado
        E isso tem feito toda a diferença...)*

Tradução livre, pela autora

Agradecimentos

Ao Dr. Sílvio Bauer, pelas idéias criativas, a começar pelo conceito deste livro, mas também pelo apoio constante e sugestões pertinentes; aos amigos que compartilharam comigo os pratos preparados, dando o necessário retorno de que as receitas eram boas mesmo e mereciam estar aqui; e finalmente, mas não menos importante, aos meus pacientes, por terem me levado ao estudo e às pesquisas, para que eu pudesse agregar às receitas o toque mágico dos cristais, na forma de Elixires, na esperança de que mais pessoas possam se beneficiar de suas qualidades maravilhosas. A todos, o meu amor e muito obrigada.

Sumário

Índice das receitas 9

Prefácio 15

Introdução 19

Elixires de Cristais e Essências Florais: para que servem mesmo? 21

Antecipando respostas a algumas dúvidas que podem surgir 23

O que comemos define quem somos 25

Como transmutar energeticamente os alimentos 28

Fórmulas de Essências de Cristais 30

Elixires de Cristais e suas indicações 34

Fotos Kirlian — Fotos da aura dos Cristais e seus Elixires 42

Como preparar uma fórmula de Elixires de Cristais para uso pessoal 47

Segredos da alquimia da cozinha — Pontos de calda ou de doces 49

Tabela de conversão de pesos e medidas 51

Cardápio para emagrecer comendo bem 52

Como sua poderosa mente pode ajudá-lo a emagrecer? 54

Exercícios mentais simples para ajudar a emagrecer 55

Os Elixires de Cristais podem ajudar a emagrecer? 55

Dieta por controle de ingestão de pontos 57

Tabela de pontos por alimento 59

Organizando e facilitando sua vida 64

Cardápio *light* para a semana 65

Receitas do cardápio especial *light* 72

Cardápio normal 80

Ceia de Natal cor-de-rosa 197

Bênção da casa 203

Por último, mas não menos importante 204

Bibliografia 205

Distribuidores dos Elixires de Cristais Dharma 207

Cartões para juntar aos docinhos para presente 208

Índice das Receitas

A

Arroz com bacalhau e brócolis 80
Arroz com berinjela e carne moída 82
Arroz cor-de-rosa 199

B

Bacalhau — Arroz com bacalhau e brócolis 80
Bacalhau — Bolinho 84
Berinjela à Balila 83
Berinjela — Arroz com berinjela e carne moída 82
Berinjela com cogumelo shiitake (cardápio *light*) 72
Bombinhas de camarão 85
Brócolis gratinado (cardápio *light*) 72

C

Camarão à Mary Stuart 86
Camarão à Newbourg 87
Camarão à Provençal — Avalon 88
Camarão — Bobó de camarão 89
Camarão — Bombinhas de camarão 85
Camarão — Casquinha de siri falsa 90
Camarão — Coquetel de camarões 197
Camarão — Frigideira de camarão 92
Carne — Alcatra ao vinho 94
Carne — Carne seca à moda do Renatinho 96
Carne em conserva para sanduíche da Vovó 98
Carne — Lagarto rápido da Vovó 97

☆ A Cozinha dos Alquimistas

Carne — Ossobuco ao vinho 100
Carne — Pernil à Georges Markopoulos 119
Carne — Rosbife rápido de filé mignon da Vovó Mariquinha 101
Carne — Salada de carne 127
Ceia de Natal cor-de-rosa — Coquetel de camarões 197
                                    — Tender com geléia de cerejas 198
                                    — Arroz cor-de-rosa 199
                                    — Farofa natalina 199
                                    — Geléia de pinga 201
                                    — Maçãs carameladas 200
                                    — Musse de morango 200
Compota de maçã (cardápio *light*) 72
Croque Monsieur (sanduíche) 132
Cuscuz de Natal dos Abreu Sampaio 102

E
Espinafre — Delícia de espinafre (cardápio *light*) 74

F
Farofa de pão 104
Farofa fria 105
Farofa natalina 199
Filé de frango assado (cardápio *light*) 74
Frango assado com laranja 106
Frango com manga do L'Arnaque 107
Frango — Medalhão de frango com uva Itália 108

G
Geléia de pinga 201

L
Lagarto — Carne em conserva para sanduíche da Vovó 98
Lagarto rápido da Vovó 97

M
Maçãs carameladas 200
Macarrão — Rigattoni com ricota e hortelã 109

ÍNDICE DAS RECEITAS ☆

Macarrão — Espaguete com nozes e uvas passas 110
Macarrão — Spaguetti Vacanze, da Fiorella 111
Macarrão — Talharim com frango defumado...................................... 112
Mango chutney para carnes... 113
Molho de tomates especial... 114

O
Ossobuco ao vinho 100

P
Panquecas — massa salgada 115
Panqueca de banana 116
Peixe — Peixe escabeche.. 117
Peixe — Linguado ao molho de limão e espinafre 118
Pernil à Georges Markopoulos... 119
Peras ao gengibre (cardápio *light*) 76
Pimentão colorido curtido.. 120
Purê de abóbora Hokaido (abóbora de casca verde) 121

Q
Quiche de alho-poró.. 122
Quiche de espinafre e ricota (cardápio *light*).................................... 76
Quiche Lorraine... 124

R
Ratatouille (cardápio *light*) 77
Risoto al funghi porcini 126
Rosbife rápido de filé mignon da Vovó Mariquinha 101

S
Salada de atum requintada (cardápio *light*) 77
Salada de carne 127
Salada de escarola com queijo gorgonzola.. 128
Salada de escarola quente 129
Sanduíche — Croque Monsieur 132
Sopa-creme de batatas com funghi porcini.. 130
Sopa de Couve-flor (cardápio *light*)... 78
Sopa de Pedras 131

☆ A Cozinha dos Alquimistas

T

Tender com geléia de cerejas 198
Tomates recheados com alcaparras 133
Tomate recheado com carne moída (cardápio *light*) 78
Torta de frango para a família 134
Torta fria de panquecas 136

Pães

Pão de batata 137
Pão de mandioquinha 138
Pão de queijo da Beth 139
Pão português 140
Pão — Rosca de Reis 141
Pão salgado econômico 142
Pão salgado 143

Bolos, tortas, biscoitos

Biscoito de farinha de milho 144
Biscoitinhos de amêndoas — "Speculaas" — séc. XVII 145
Biscoitos amanteigados 147
Bolachinha com leite condensado 148
Bolachinhas austríacas 149
Bolachinhas de castanha-do-pará 150
Bolinho de polvilho frito 151
Bolo de ameixa preta 152
Bolo de amêndoas com glacê de laranja 153
Bolo de Belém — para a prosperidade 154
Bolo de café e chocolate (cardápio *light*) 73
Bolo de chocolate cremoso 155
Bolo de coco sem farinha 156
Bolo de fubá cremoso 157
Bolo salgado do vovô Paulo 158
Pão-de-ló de laranja 159
Pão-de-ló de laranja da mamãe 160
Rocambole de goiabada 161
Speculaas — Biscoitinhos de amêndoas — séc. XVII 145
Torta austríaca de amêndoas 162

ÍNDICE DAS RECEITAS ★

Torta bombom 163
Torta crocante de bananas 164
Torta de amêndoas com recheio de damasco.................................... 165
Torta de amêndoas de Santiago de Compostela............................... 166
Torta de chocolate sem farinha da Myrna Morales 168
Torta de maçã e nozes... 169
Torta de maçã dos Lara 170
Torta de nozes da Vovó Mariquinha 172

Doces
Bananas flambadas.. 174
Cocada mole com ovos.. 175
Compota de maçã (cardápio *light*) 72
Gelatina de uva (cardápio *light*) 74
Geléia de morango (cardápio *light*). 75
Geléia de pinga 201
Manjar branco com calda de ameixas pretas 176
Maçãs carameladas.. 200
Musse-creme de chocolate e café.. 177
Musse de chocolate... 178
Musse de manga (cardápio *light*).. 75
Musse de maracujá 178
Musse de morango (cardápio *light*) 200
Muffins da Noruega 179
Pavê de chocolate com vinho do Porto.. 180
Peras ao gengibre (cardápio *light*) 76
Pudim de nozes... 181
Sonho com recheio de creme... 182

Docinhos
Bala de banana da Eliza do Valle... 186
Bala de café 186
Bala de caramelo de chocolate 186
Brigadeiro de chocolate... 187
Cajuzinho 187
Camafeu I.. 188
Camafeu da Eliza do Valle 188

★ A Cozinha dos Alquimistas

Caramelos de chocolate 189
Caramelos ingleses 189
Casadinhos... 190
Docinho de abacaxi e coco I 190
Docinho de abacaxi e coco II... 190
Docinho de Belém... 191
Docinho de chocolate com castanha-do-pará........................... 191
Docinho de nozes I 191
Docinho de nozes II... 192
Enroladinhos de goiabada.. 192
Maçãs carameladas... 200
Maçãzinha de castanhas-do-pará 193
Olho-de-sogra 193
Quadradinhos de chocolate 194
Quadradinhos de nozes 194
Queijadinha I... 194
Queijadinha II.. 195
Quindim.. 195
Rodinhas de duas cores 195
Tabletes de chocolate.. 196

Diversos

Ceia de Natal cor-de-rosa — Coquetel de camarões. 197
— Tender com geléia de cerejas................. 198
— Arroz cor-de-rosa.................................. 199
— Farofa natalina...................................... 199
— Geléia de pinga..................................... 201
— Maçãs carameladas 200
— Musse de morango 200
Coquetel de frutas para o Serginho... 184

Prefácio

"Não há como falar de amor sem relacioná-lo à culinária.
No Egito e na Mesopotâmia, o uso de especiarias é par constante
no ato amoroso."
(Fernanda de Camargo-Moro, historiadora e arqueóloga).

"O ato de comer faz parte dos mecanismos instintivos do homem", podemos pensar. Contudo, depois de Freud, sabemos que nada é tão simples assim. O nosso desejo dá um jeito de aparecer e tocar cada uma das nossas mais corriqueiras atividades.

Berenice de Lara sabe disso. Psicóloga, terapeuta floral, criadora e produtora dos Elixires de Cristais Dharma, conhece as sutilezas da alma humana, na tecedura de suas paixões, de seus afetos, de suas motivações.

Neste livro, ela procura unir seus conhecimentos profissionais ao seu talento para a culinária e seu prazer em receber, para oferecer a todos nós a possibilidade de cuidarmos melhor dos nossos desejos.

Ela transforma a gastronomia num exercício de amor e cuidado com o outro e o ato de cozinhar numa fonte de encantamento e criatividade. Melhor ainda, o faz trazendo para o público leigo a possibilidade de cuidar de si e de seus familiares e amigos de um modo fácil, lúdico e criativo.

Desde tempos imemoriais os homens se reúnem em grupos para se alimentar. O fogo que transforma e purifica o alimento é também o grande purificador das almas. O fogo rege o nosso propósito, a nossa intenção e, se a temos clara, contagiamos quem nos rodeia.

Ao escolhermos um prato, ao pensarmos nos ingredientes, nos temperos, levamos ao outro o nosso amor, o nosso cuidado, o nosso desejo de agradá-lo e, se acrescentamos a isso uma essência vibracional, como nos sugere

Berenice, coroamos o nosso intento com as mais puras vibrações de saúde e harmonia. O ato de estar à mesa transforma-se num momento de encontro e trocas, de compartilhar desejos e de sonhar os sonhos que iremos realizar.

Na ficção cinematográfica, vimos uma jovem amante comunicar sua paixão e sua dor por meio dos seus maravilhosos pratos em *Como água para chocolate* e toda uma aldeia reencontrar seus mais profundos desejos e emoções em *A festa de Babette*. Penso que, no cinema como na vida, a intenção com a qual realizamos nossas atividades é a força motriz do nosso sucesso.

O uso das essências vibracionais nos pede, com vigor, clareza nas nossas intenções. Ao prepararmos os pratos oferecidos por Berenice, e ao escolhermos a essência ou fórmula a ser acrescentada, arrematamos os nossos atos com a clarificação da nossa intenção para com aqueles a quem amamos.

Compartilhar a nossa escolha é abrir o nosso coração, é possibilitar que o gesto mais cotidiano e imemorial dos homens seja para sempre espaço de encontros e transformações.

Diva Matos
Psicóloga, mestre pela USP em psicologia clínica, terapeuta floral
e professora do curso de pós-graduação em Terapia Floral pelo IBEHE

Como Surgiu este Livro

Originalmente, este livro continha apenas receitas compiladas ao longo dos anos, principalmente no que eu costumo chamar de "período mineiro" da minha vida, quando morei em Belo Horizonte. Era o meu livro de receitas, iniciado a partir das receitas que a minha bisavó já preparava para os filhos, por volta de 1900.

O estilo de vida mineiro é muito interessante e contagia aqueles que chegam lá dispostos a se aculturar. Existe toda uma particularidade na maneira de se receber em Minas e eu, que sempre me considerei uma boa dona de casa, apesar de ser uma profissional de período integral, ao me mudar para lá descobri que tinha muita coisa a ser aprendida.

Para isso, contei com algumas pessoas maravilhosas. Tive a sorte e o privilégio de conviver, por exemplo, com a Beth Capanema, que me introduziu no seu círculo familiar como mais uma irmã das muitas que ela tem. Dos nossos chás à tarde, com muito bolo de frutas secas, pão de queijo e rosquinhas, me ficou, além da lembrança dos sabores, também a recordação do convívio amigo, que me fez sentir parte daquele mundo mineiro. Da Beth são muitas das receitas deste livro.

Da Greyce Mattar, me lembro com carinho também pelo convite para participar do curso de culinária exclusivo para as mulheres da família Mattar. Foi ótimo conviver com todas elas, no seu jeito (mineiro) de ser. Uma família especial.

Acho que o somatório do carinho da Márcia Benita, da Marli Lara Chaves, da Liliane, entre outras do meu círculo de amizades, me deu suporte para fazer o que eu tinha que fazer naquele momento quando pude dedicar um tempo maior à minha família, melhorar minha culinária e me aprimorar na terapia floral.

De pesquisa em pesquisa na área de terapia com essências vibracionais, nas quais investi muito tanto no Brasil quanto nos Estados Unidos, Europa e Austrália, cheguei aqui e desejo agora que essas receitas sejam compartilhadas, agregadas aos efeitos mágicos das essências vibracionais de Cristais.

Quando o Dr. Sílvio Bauer, uma pessoa especial e cheia de idéias criativas me sugeriu que agregasse às receitas culinárias minha experiência com os Elixires de Cristais e florais, procurei a Sandra Epstein, produtora dos Florais da Mata Atlântica para trabalharmos juntas no projeto. Bem que tentamos, mas a agenda lotada de compromissos de ambas as partes acabou inviabilizando a parceria. Assim, optei por escrever o livro sem sua colaboração, ou corria o risco de tudo ficar em planos. Para que deixasse o mundo das idéias e se concretizasse, esse projeto teve a grande ajuda do Elixir de Jade.

Os Elixires de Cristais são da Dharma, de minha produção. Há um repertório sucinto das propriedades de cada um e também das onze fórmulas compostas, criadas em torno de temas que interessam a uma gama bem ampla de pessoas: Amor e Auto-estima, Prosperidade, Proteção Espiritual, Emagrecimento... Espero que todos possam apreciar a comida e se beneficiar dos efeitos desse "tempero" energético. Façam suas escolhas e bom apetite!

Berenice de Lara

O kit dos Elixires de Cristais Dharma, fórmulas e essências avulsas podem ser adquiridos através dos seguintes veículos:

Telefones (11) 3813-5433 ou 9274-0474
Caixa Postal 11.045 — CEP 05422-970 — São Paulo-SP
E-mail: dharma@dharma.essences.com
berelara@terra.com.br
site: www.dharma—essences.com

Introdução

As receitas constantes deste livro são, de um modo geral, simples, e pertencem à culinária do mundo todo. Muitas delas têm sido repetidas de geração em geração sem modificações, ou com pequenos ajustes. Uma delas, pelo menos, data do século XVII e vem da Holanda Setentrional. São os biscoitinhos de amêndoas, Speculaas, feitos com especiarias, que sempre me intrigaram. Recentemente descobri, com o auxílio da Internet, que ainda hoje é possível comprar formas especiais para moldá-los. Mas então, eu já havia resolvido a questão de outra maneira, mais fácil para o nosso cotidiano. Vale a pena experimentar, porque têm um sabor especial e requintado.

Outras receitas são reproduções de cardápios de restaurantes famosos, e isso vem registrado no título. Alguém se lembra do Spaguetti Vacanze, do restaurante da Fiorella? Superfácil e delicioso, desde os anos... 70, se bem me lembro. A Berinjela à Balila, restaurante do Braz, em São Paulo, que após quase oitenta anos de funcionamento infelizmente fechou, foi uma receita obtida diretamente com o proprietário da casa, depois de um farto almoço. A Torta de Maçã dos Lara, a Torta de Nozes da Vovó Mariquinha, o Bolo Salgado do Vovô Paulo, entre outras, são receitas de família, que podem se transformar também em referência para outras famílias, por serem deliciosas. É bom compartilhar.

Vale relembrar que a seleção feita aqui foi retirada de um caderno de receitas doméstico, no qual a dona de casa vai anotando a forma de preparo daqueles pratos que apreciou em um ou outro local. Assim, pode acontecer de a receita ter chegado às minhas mãos por intermédio de alguma amiga, sem informações sobre sua origem. Se acontecer de alguma receita publicada anteriormente constar do livro sem créditos, me desculpo antecipadamente e aceito correções. Outras receitas, pode-se dizer que são "de domínio público". Quem seria o inventor do Brigadeiro de Chocolate?

☆ A Cozinha dos Alquimistas

Como na minha clínica trabalho muito com o enfoque na família, pensei também nas crianças, que podem se aventurar na cozinha, testando habilidades iniciais. Acho que hoje em dia meninos e meninas precisam aprender a cozinhar — não por obrigação, mas pelo prazer.

Este é um hobby que os homens vem desenvolvendo com muito talento nos últimos anos.

Que seja então um momento de entrar em comunhão com vibrações melhores como forma de transmutar os alimentos, para que eles nutram o corpo e a alma.

Incluí ainda um cardápio de ceia de Natal, simples e gostoso, com entrada, prato principal, bebida e sobremesa, tudo em cor-de-rosa. Exatamente como o Quartzo Rosa, que irradia vibrações de amor e serenidade de espírito, tão necessários o ano todo, mas que tem um apelo especial nessa época em que estamos mais sensibilizados.

Do livro constam também algumas sugestões para quem quer emagrecer — há uma tabela bem completa de alimentos com "pontos", um cardápio simplificado para uma semana com todas as refeições e receitas *light* inclusas — diga-se de passagem, deliciosas!

Além disso, há técnicas de treinamento mental para emagrecer e, é claro, uma fórmula de Elixires de Cristais para ajudar a modificar as vibrações de quem está nesse processo. Para mudarmos nossa vida, precisamos mudar nossa forma de abordar as coisas — aceitar mudança de paradigmas, aliás, é um dos grandes desafios pelos quais a humanidade vem passando nos últimos cem anos. A aceitação de que é possível obter bons resultados mediante um jeito novo é meio caminho andado.

Há fotos dos cristais dos quais são feitos os Elixires, para que você possa ver um pouco da beleza dos mesmos e algumas fotos Kirlian (ou foto da aura) dos cristais. Achei interessante juntar algumas dessas fotos que mostram a energia dos cristais, porque muitos desconhecem o fato de que todas as coisas têm sua energia própria, cujo padrão pode se alterar em função das emoções, da evolução espiritual, das circunstâncias. Isso é parte de um trabalho de pesquisa que venho desenvolvendo há anos nesse campo. Assim, você pode ter uma idéia de qual tipo de vibrações seus alimentos ficam impregnados, quando você agrega os Elixires de Cristais às comidas. Penso que estamos em um momento propício para modificarmos nosso padrão de interação com o universo.

Comer é obrigatório para nossa sobrevivência, mas o modo como nos alimentamos é uma questão de escolha.

Elixires de Cristais e Essências Florais: Para que Servem Mesmo?

Os Elixires de Cristais, como as Essências Florais, não devem ser pensados como "remédios". Talvez, pelas modificações positivas que introduzem na nossa forma de estar no mundo, eles possam ser vistos como "remédios da alma". Flores e cristais enfeitam o nosso ambiente e podemos nos beneficiar de suas vibrações. Além disso, podem ser o "tempero" que faltava para que o sal da vida ficasse naturalmente realçado.

Ao longo da minha vivência como psicóloga e terapeuta floral, em momentos diferentes, ressalto sempre que problemas todos nós temos; o que faz a diferença é a maneira como cada um procura resolvê-los.

Temos sempre muito a agradecer, mas nos fixamos com freqüência no que falta, numa postura pouco produtiva. Podemos pensar que nos falta a farinha para fazer a torta de limão, ou aproveitar o fato de termos limão e ovos, para fazer uma musse deliciosa e leve.

Penso que, se mantivermos uma atitude positiva frente aos acontecimentos, buscando o melhor que pode ser extraído de cada situação, mesmo das mais adversas, seremos ao fim pessoas vitoriosas. Esta tem que ser uma prática diária, como a nossa alimentação.

Ao alimentarmos o corpo, vamos fazer isso com o coração alegre. Conheci pessoas que esperavam o momento de se sentar à mesa com a família, para começar a destilar o fel que carregavam na alma e do qual, no fundo, não queriam se livrar. Pessoas assim acabam doentes e aos poucos afastam de si todas as outras com as quais vale a pena conviver.

O que podemos fazer, de maneira natural e sem comprometimento do sabor, é adicionar algumas gotas de Elixir de Cristal ao suco, à água, ao bolo servido, sempre que se prepare algo, para criar vibrações de consenso e harmonia, tendo o alimento como veículo da modificação das energias. Uma vez criado um campo vibracional positivo, é possível discutir as questões de ordem prática até chegar à melhor solução, sem atrito.

Mas os Elixires de Cristais Dharma, de que tratamos neste livro, não servem apenas para circunstâncias em que a energia está pesada ou em desarmonia. Nos bons momentos, podemos reforçar o padrão vibratório positivo, para que aos poucos aprendamos a modificar nossas atitudes de forma permanente.

Os Elixires de Cristais exercem efeito em variadas situações. No preparo dos doces das crianças, coloque a fórmula de "Emagrecimento", por exemplo. As essências vibracionais atuam no campo energético, modificando o padrão vibratório. Nesse caso, elas ajudam a romper com a compulsividade, fazendo com que a criança se sinta satisfeita sem que tenha vontade de comer a torta inteira. Mesmo utilizando a fórmula, leia a ação energética de cada essência que a compõe e você entenderá melhor como os Elixires de Cristais atuam.

Se você desejar aprofundar seu conhecimento sobre a atuação dos cristais, leia meu livro *Elixires de Cristais: Novo Horizonte de Cura Interior*, também publicado pela Editora Pensamento.

Tenho a certeza de que, ao começar a entender o valor de se estar em paz e com as energias positivamente carregadas, você vai ficar fascinada pelos cristais e pelo que eles podem fazer por nós, como eu fiquei.

A fórmula que você recebe de brinde junto com este exemplar pode não ser exatamente a que você escolheria para a sua família neste momento específico, mas acredite que ela vai lhe trazer resultados no seu campo de ação específico. Você tem também a oportunidade de fazer suas próprias escolhas, sua alquimia pessoal, como um mago na antiguidade fazia, juntando em seu caldeirão as propriedades energéticas com as quais pretende envolver sua família.

Você pode ler o repertório resumido de cada fórmula e Elixir constantes do livro, ou fazer outras escolhas ainda, num repertório de sessenta diferentes cristais e seus efeitos. Experimente, ouse, invente.

Antecipando Respostas a Algumas Dúvidas que Podem Surgir

1. Estou tomando medicação. Os Elixires interferem nos remédios?

Os Elixires de Cristais são essências vibracionais, que colocam em equilíbrio as energias do corpo. Quando suas energias estão em equilíbrio, seu corpo consegue absorver melhor qualquer medicação alopática ou homeopática. Portanto, eles não interferem no efeito das medicações — pelo contrário, possibilitam ao seu corpo reagir melhor a eventuais tratamentos.

2. Qualquer pessoa pode tomar os Elixires de Cristais?

Sim. Essências florais ou Elixires de Cristais podem ser tomados por bebês, crianças, adultos ou idosos. Pessoas sadias ou não podem se beneficiar de seus efeitos, observando alguns cuidados específicos como: para bebês ou pessoas com problemas com o álcool, a solução de uso deve ser diluída em água. Há inclusive formulações feitas especialmente para bebês, para gestantes, para casos de pré e pós intervenções cirúrgicas, etc. Portanto, não há contra-indicações.

3. Os Elixires de Cristais são produtos químicos?

Elixires de Cristais são produtos naturais, cuja base é a água mineral para a qual é transferida a matriz energética dos cristais. A solução estoque (à venda) contém base alcoólica a 37,50 (usualmente conhaque ou álcool de cereais), das quais se colocam 2 gotas para 30 ml de água mineral para se fazer a solução de uso. No caso de uso culinário, 10 a 14 gotas da solução estoque são colocadas diretamente sobre o alimento. Não há outros produtos químicos na fórmula.

4. Se eu fizer uma escolha inadequada de um Elixir, isto vai fazer mal para alguém?

Não. A ação dos Elixires, como de outros remédios vibracionais, é sobre a energia das pessoas, em primeiro lugar. Se você coloca um Elixir antistress para uma pessoa que não tem esse tipo de problema, ela simplesmente irá manter seu ponto de equilíbrio, fortalecendo o organismo.

5. Se uma criança pegar um vidro de Elixires de Cristais e tomar o vidro inteiro, o que pode acontecer?

Como foi dito anteriormente, os Elixires de Cristais Dharma não contêm produtos químicos, exceto o conservante com teor alcoólico. Somente por esse motivo ele deve ser mantido fora do alcance das crianças, não por outros efeitos colaterais.

6. Se alguém comer uma receita preparada com uma fórmula de Elixires e não estiver precisando daquelas vibrações energéticas, o que acontece?

Nada de errado. O equilíbrio se mantém, só que mais fortalecido.

O que Comemos Define Quem Somos

A alimentação é um dos fatores mais significativos na distinção entre os povos, podendo algumas vezes criar momentos de impasse nas relações entre pessoas de culturas diferentes. Pedir a um francês que coma de bom grado um ensopado de cachorro, muito apreciado em alguns países asiáticos, é algo que pode estar além do suportável para ele. E o escargot, que o francês tanto aprecia, também pode ser motivo de repugnância para o brasileiro. Por outro lado, a maneira de um mesmo povo se alimentar também se modificou ao longo dos séculos, tanto com relação à escolha dos alimentos quanto ao modo de prepará-los e de servi-los.

Se pensarmos que o uso do garfo e da faca individuais nas refeições foi uma inovação introduzida no período que se seguiu à peste negra na Europa, entre os séculos XIV e XVIII — e não por acaso, mas pelo desejo (e necessidade) de se evitar o contágio pelo uso comum de utensílios — podemos imaginar que o tipo de alimentos servidos também sofreu uma mudança, dentro de um mesmo grupo étnico, por razões que muitas vezes desconhecemos.

As preferências de cada povo vão se organizando por motivos diversos, desde a questão climática, que dificulta a produção de certos alimentos e favorece a de outros, até posturas religiosas, que vedam o consumo de algumas carnes (por vezes, todas) aos seguidores dos seus preceitos. O paladar mais ou menos generalizado de um povo tem a ver também com a freqüência com que um determinado prato surge à mesa, do micro para o macrouniverso.

Aquilo que aprendemos a comer e a apreciar, no âmbito familiar, quando éramos crianças, será carregado como bagagem para nossa vida adulta e, de alguma forma, ressurgirá na maneira como vamos alimentar nossos filhos futuramente. Com sorte, aprimoraremos o nosso gosto, introduziremos modificações mais refinadas, aprenderemos a sentir o prazer de degustar novas iguarias.

☆ A Cozinha dos Alquimistas

No entanto, nossa tendência é ficar dentro do campo do conhecido. Pesquisa recente na área de Psicologia do Marketing, realizada nos Estados Unidos, mostra como a dona de casa atual procura no supermercado marcas que sua mãe comprava quando ela era criança, apesar de tantas novidades estarem disponíveis, porque sentem confiança nas marcas conhecidas: "a minha mãe já usava". Na verdade, o que ocorre é que a marca é escolhida por remeter à figura materna. Mesmo os adultos procuram a mãe, consciente ou inconscientemente, em momentos diversos da vida — e a mãe tem uma ligação muito forte com alimentação, nutrição.

Quando um novo casal se constitui, há sempre um período exploratório, mais ou menos velado, para ver os valores de qual família vão prevalecer. Cada parceiro tem seu modelo ideal internalizado, construído a partir das próprias vivências familiares. Isso vai acontecer também na alimentação: dois sabores se juntam, a culinária de duas famílias se choca ou se harmoniza. Leva um certo tempo para que o casal consiga achar seu jeito próprio de fazer as refeições, de receber os amigos e de alimentar os filhos.

Porém, aquele "sabor de infância" não fica esquecido e vai ressurgir carregado de lembranças sempre que o adulto deparar com um... determinado cheiro de canela, de limão, a visão de um bolo de chocolate "como os de antigamente", qualquer coisa enfim, que tenha sido mais fixada na memória em função de outros estímulos: a presença reconfortante da mãe, as brincadeiras com outras crianças, as festas ou comemorações familiares.

Independentemente de nossas preferências, sejamos crianças ou adultos, uma série de emoções estão atuando quando comemos, fazendo com que nossa digestão, nosso modo de assimilar os alimentos sejam influenciados por isso, mesmo quando não nos damos conta. Mas todos comemos. Com culpa, compulsivamente, com preguiça, com pressa, por depressão, por necessidade de nos nutrirmos, com prazer ou sem prazer, com alegria por estarmos juntos ou aborrecidos por termos que compartilhar, para enganar a tristeza ou preencher o tempo, prestando atenção aos sabores ou simplesmente engolindo, enfim, se quisermos sobreviver, um dos requisitos é nos alimentarmos, seja qual for nosso estado de espírito.

A comida nutre mais ou menos o organismo, dependendo do que ingerimos. Na maioria das vezes, na nossa vida diária, nos alimentamos sem planejar o que vamos absorver em termos de vitaminas, etc., para que haja um equilíbrio nutricional. Isso ocorre mais freqüentemente em fases em que estamos procurando emagrecer, nas convalescenças, enfim, em situações especiais.

No entanto, o ato de comer tem um significado muito mais profundo, no sentido de "preencher vazios" emocionais, de dar colo a nós mesmos.

Como vamos nos alimentar, o que vamos comer, nos insere num determinado contexto e explica um pouco da nossa história.

Como Transmutar Energeticamente os Alimentos

Os Elixires de Cristais Dharma contêm as vibrações dos minerais com os quais foram preparados. Quando os ingerimos, essas vibrações começam reequilibrando nosso corpo sutil e, do mais sutil para o mais denso, reorganizam energeticamente nosso corpo físico.

Quando você cozinha, você está transmitindo suas energias para os alimentos que prepara. As pontas dos seus dedos, o centro da palma da sua mão, são pequenos chakras que emitem vibrações. "Chakras" são centros de transmissão e recepção de energia em nosso corpo. Repare que o gesto de abençoar, em diversas religiões, é aquele em que você estende o braço e envia para a outra pessoa suas boas intenções, sua energia de cura ou amor, através das mãos, dos dedos.

Então, ao cozinhar, você precisa estar harmonizado, para que possa transmitir boas energias — e os Elixires de Cristais são uma fonte de energia que a natureza concede à humanidade para a elevação do nível vibracional.

Mas, além disso, como você pode aproveitar mais especificamente essa possibilidade? Consulte o repertório dos cristais e das fórmulas preparadas sobre temas recorrentes na vida da maioria das pessoas. Veja quais aspectos eles trabalham e faça sua escolha, independentemente das sugestões apresentadas aqui no livro, para cada receita.

Você pode utilizar Elixires de Cristais em qualquer prato da sua cozinha do dia-a-dia, para criar um campo vibracional constante no aspecto a ser fortalecido ou modificado.

Pense a respeito do que você gostaria de estar transmitindo em termos de harmonização, melhora de auto-estima, alegria, rejuvenescimento de espírito e de corpo — para você e para os seus.

Escolha então os Elixires e junte essas gotinhas maravilhosas que curam os dissabores da alma, ajudando a enfrentar as dificuldades pela renovação de atitudes. Porque a verdadeira modificação deve vir de dentro para fora e envolve a disposição de se estar melhor no mundo.

Ao adicionar as gotinhas ao prato, as propriedades específicas de cada cristal se espalham por ele e transmutam o nível energético do alimento, que passa a ter um valor agregado. Além de nutrir o corpo, acolhe e aquieta a alma. Sua intenção de amor está ali, presente, o que faz toda a diferença.

Veja as fotos da aura dos cristais e seus Elixires (pp. 42-46), para ter uma idéia do tipo de energia que é agregada aos alimentos.

Nosso intuito, ao apresentar um livro de receitas que usa o "tempero" de Elixires de Cristais Dharma, é o de aliar um ato fundamental na vida diária de todos nós aos benefícios que as essências vibracionais podem trazer para nosso cotidiano, melhorando o nosso padrão energético de maneira natural e mantendo-o equilibrado pelo uso freqüente. Assim, tanto nossas emoções quanto os alimentos que ingerimos serão mais bem digeridos.

É bastante conhecida a relação entre o estado de espírito de quem cozinha e o resultado culinário, em termos de paladar. O que muitos ainda não levam em conta é o agregado de energias positivas (ou negativas...) que podemos transmitir ao alimento, dependendo das nossas emoções.

É minha convicção que, antes de iniciar qualquer trabalho, devemos fazer uma breve conexão com os planos superiores, para que sejamos beneficiados por suas energias em nossa produção. Quando o assunto é comida, principalmente, isso é fundamental.

Que os Elixires de Cristais, utilizando as forças da sua própria natureza, possam ajudar cada um a entrar em contato com o que tem de melhor dentro de si, na hora de alimentar a família, compartilhar com os amigos ou preparar uma ceia profissionalmente, porque os resultados virão energeticamente carregados de amor e boa vontade. Saúde, paz e bom apetite!

Fórmulas de Essências de Cristais

Pensando em facilitar o uso dos Elixires de Cristais, preparei algumas fórmulas divididas em temas que estão presentes na vida de todos nós. Mas, naturalmente, você pode se colocar no papel de alquimista e fazer suas próprias fórmulas, escolhendo os Elixires individualmente por suas propriedades, conforme a descrição da atuação de cada cristal.

Ao terminar o preparo da receita, se preferir criar a sua própria fórmula, junte sete gotas de cada Elixir na panela ou vasilha em que o alimento vai ser servido. Mexa bem com sua colher mágica e pronto! Além do seu tempero, o prato terá seu toque pessoal todo particular, pelas escolhas daquilo que você resolveu servir energeticamente à sua família ou aos seus amigos. Se você for usar a fórmula preparada, adicione quatorze gotas por receita.

De uma forma ou de outra, mergulhe no prazer de cozinhar e aproveite para realizar o seu sonho de transmutar o alimento para o corpo em alimento da alma também. Boa sorte na sua jornada!

Fórmula 1 — Poder Pessoal

Cornalina, Granada, Hidenita, Lápis-lazúli, Malaquita, Mica, Olho-de-tigre, Opala, Pirita.

Trabalha os diversos aspectos da (re)conquista do poder pessoal, ajudando a pessoa a assumir as rédeas da própria vida. Para aqueles que têm dificuldades nos relacionamentos porque acabam fazendo escolhas inadequadas, ou se submetem ao outro equivocadamente como prova de amor. Para os que têm dificuldade em pôr limites, em dizer "não".

Fórmula 2 — Emagrecimento

Ametista, Apatita, Azurita/Malaquita, Calcita, Coral, Enxofre, Pedra-da-lua, Peridoto, Quartzo Citrino, Topázio.

Essências vibracionais de apoio à determinação para emagrecer, dando maior energia para a aceleração do metabolismo. Quando digerimos bem nossas emoções, nossa digestão física é de melhor qualidade. E quando isso ocorre, o organismo metaboliza melhor os alimentos. Também para os que têm atitudes compulsivas e comem além do que necessitam, e para os que comem porque, inconscientemente, têm medo de que falte, de que a comida acabe sem que eles tenham podido repetir.

Fórmula 3 — Rejuvenescimento

Abalone, Ágata Botswana, Amazonita, Âmbar, Coral, Jaspe, Kunzita, Madeira Petrificada. Marfim, Olho-de-gato, Ônix, Pirita, Quartzo Citrino, Quartzo Cristal, Quartzo Rosa, Quartzo Rutilado, Topázio — Grapefruit e Violeta (Essências Florais).

Junta os mais diversos cristais para o trabalho de regeneração celular a partir dos corpos sutis, por corrigir os registros inadequados em sua forma energética em primeiro lugar. A atuação é do sutil para o denso.

Fórmula 4 — Aprendizado, Memória

Âmbar, Ametista, Apatita, Basalto, Calcita, Cianita, Cornalina, Esmeralda, Malaquita, Opala, Safira, Turmalina Negra — Essências Florais de Alecrim, Arruda, Manjericão e Sálvia.

Nas dificuldades diversas que afetam o aprendizado, esta fórmula ajuda a ajustar o foco, melhorando a concentração e a capacidade de síntese. Use e abuse dele nos docinhos das crianças, nos seus pratos prediletos. Bom também para aqueles que estão com problemas de memória e concentração, em qualquer faixa de idade.

Fórmula 5 — Afrodisíaco

Âmbar, Cornalina, Granada, Hidenita, Jaspe Verde, Kunzita, Mica, Quartzo Rosa, Turmalina Rosa, Turquesa.

Desperta a sensualidade adormecida, mas também tem atuação nas questões de impotência masculina e frigidez feminina. Ajuda a mulher a lidar bem com sua feminilidade. Para o homem, traz vibrações de potência, de capacidade de realizar o seu potencial, tão importante para seu desempenho, sexual ou não, sem que isso implique posturas estereotipadas de "macho". Seja qual for sua orientação sexual, esta fórmula ajuda na liberação das tensões que dificultam um bom desempenho sexual.

Fórmula 6 — Alto-astral (Alegria de viver, felicidade)

Ágata Botswana, Ágata Musgo, Azeviche, Calcedônia, Crisocola, Quartzo Fumê, Quartzo Rosa, Rubi.

É como ingerir um raio de sol, que ilumina a alma, tornando-a mais leve. Para manter o otimismo frente às dificuldades normais da vida, permitindo que a alegria flua constantemente, permeando o dia-a-dia. Também pode ser empregada nas depressões de origens diversas — tristeza, raiva, incapacidade de reagir a uma situação, pós-parto, etc., bem como nas situações de stress físico ou mental.

Fórmula 7 — Limpeza Energética, Proteção

Enxofre, Turmalina Negra, Obsidiana, Crisântemo, Letícia, Rosa Branca e Trevo de Quatro Folhas.

Cria um ambiente propício para começar a cozinhar, limpando a cozinha das energias desarmonizadoras. Para a limpeza do ambiente, use quinze gotas em 500 ml de água num borrifador. Esta fórmula é indicada também para limpeza de ambientes e objetos que guardam energias de seus antigos possuidores, antiguidades, paredes de residências que têm o registro de desavenças antigas ou recentes, etc. Antes de se mudar para uma nova residência recomenda-se sempre uma limpeza desse tipo. Alguns dos Elixires que compõem esta fórmula são usados em situações extremas, como no caso de quebrar vibrações criadas por magia. Atua também como essência vibracional protetora pessoal, eliminando e mantendo à distância energias negativas de inveja e mau-olhado. Para limpeza e proteção pessoal, junte dez gotas da fórmula ao final das receitas e boa sorte!

Fórmula 8 — Prosperidade, Boa Sorte

Hidenita, Jaspe Sangüíneo, Malaquita, Mica, Olho-de-gato, Olho-de-tigre, Pirita, Rubi, Safira, Topázio, Turquesa. Essência Floral de Jabuticaba.

Promove a conexão com a abundância do universo, com a energia cósmica que elimina o sentimento de falta. Desenvolve o senso de oportunidade necessário para a realização de bons negócios, justos para os dois lados. Para que o sentimento de "falta" deixe de ser uma constante na vida das pessoas, esta fórmula é essencial, pois cria vibrações de diversos aspectos relacionadas com a abundância e a boa sorte. Atrai a prosperidade em alto grau, ajudando mesmo na recuperação de perdas financeiras.

FÓRMULAS DE ESSÊNCIAS DE CRISTAIS ☆

Fórmula 9 — Harmonia e Equilíbrio

Abalone, Água Marinha, Âmbar, Crisoprásio, Esmeralda, Jade. Essência Floral de Lantana.

Cria vibrações de harmonia e consenso, tanto em família quanto em outros grupos sociais. Traz paz, serenidade. Ajuda a pôr idéias em ação, de forma harmoniosa. Neste momento de evolução da humanidade, em que a cooperação se faz fundamental, esta fórmula ajuda a criar o equilíbrio para se estar de bem com os outros, em clima de respeito mútuo.

Fórmula 10 — Amor, Auto-estima

Aventurina, Berilo, Crisocola, Crisoprásio, Esmeralda, Olho-de-falcão, Quartzo Rosa, Rodonita, Sodalita, Turquesa. Essência Floral de Malva-rosa.

Abre o coração para o amor ao próximo, a partir da capacidade de se estar bem consigo mesmo, porque apenas aqueles que se valorizam conseguem amar o outro sem ressentimentos. Melhora a auto-estima em todas as faixas etárias — crianças, adultos ou idosos precisam igualmente gostar daquilo que são e sentir que são amados. Atrai vibrações de amor.

Fórmula 11 — Liberação dos Karmas Familiares

Madeira Petrificada, Marfim, Ametista, Ágata Musgo, Peridoto, Quartzo Rosa, Quartzo Rutilado, Essência Floral Boab (Bush) e Joshua Tree (FES).

Trabalha a limpeza dos karmas familiares, situações que se repetem na família: doenças, separações, brigas, perdas financeiras, etc. Elimina os miasmas familiares e trabalha as mágoas, para que a reforma íntima seja efetiva. Ensina o auto-perdão para perdoarmos bem o próximo.

---

* Outras fórmulas para desenvolver a liderança ou para tratamentos específicos, como queda de cabelo e questões femininas, estão detalhadas no livro *Elixires de Cristais: Novo Horizonte da Cura Interior.*

Elixires de Cristais e suas Indicações

Ágata Azul Rendada

Trabalha a autenticidade, ajudando a pessoa a ser ela mesma, sem tantas máscaras. Desenvolve um maior senso prático, como todas as variedades de ágatas. Promove a harmonia familiar mediante o equilíbrio energético. Traz graça e leveza aos movimentos.

Ágata Botswana

Reequilibra o corpo emocional e devolve o sentimento de alegria primitivo, aquele que as crianças carregam naturalmente consigo. Ajuda a ancorar as personalidades mais "desligadas", que estão sempre com o corpo em um lugar e a cabeça em outro. Modifica as vibrações dos corpos sutis nos quadros de letargia, moleza e preguiça, combatendo sentimentos depressivos.

Amazonita

Cristal amplificador dos poderes dos remédios vibracionais, ajuda na capacidade de síntese, estabelecendo a conexão entre o novo conhecimento, o que já se sabia, mas eventualmente estava esquecido, e a intuição, o que leva a uma análise mais acurada das coisas. Desenvolve vibrações que permitem melhores soluções dentro do bom senso. Estimula a criatividade, inclusive no preparo das iguarias.

Âmbar

Em casos de ansiedade, indecisão, a essência de âmbar atua de maneira muito eficaz. Boa para a memória, transforma também as energias negativas em positivas e alinha as energias etéricas dos corpos físico, mental e emocional.

Ametista

Boa para o sistema digestivo, a essência vibracional desse cristal ajuda também a digerir processos emocionais que atuam de forma negativa no quadro do indivíduo. Trabalha o perdão, a liberação das mágoas, livrando o coração de ódios, rancores, desgostos. Permite mais facilidade na assimilação de novas idéias, à medida que abre espaço interiormente para novas perspectivas de vida e qualidade de relações. Traz vibrações de alegria, sorte e proteção contra más influências.

Aventurina

Esta essência vibracional ajuda a eliminar medos antigos e trabalha na limpeza de mágoas e feridas emocionais, permitindo que a pessoa se lance em novas experiências de forma equilibrada. É também uma amplificadora de formas-pensamento e desenvolve uma atitude positiva perante a vida. Quando há dificuldade em ver onde estão seus problemas verdadeiros, a Aventurina dá a base necessária para que isso ocorra sem sofrimento, melhorando a visão emocional e física.

Azeviche

Alivia os miasmas dos metais pesados. Desperta níveis mais elevados de consciência. Quando as emoções mal digeridas levam à depressão ou à euforia, as vibrações do Elixir de Azeviche trazem o equilíbrio. Para quem sofre de enxaqueca e dor no fundo dos olhos, alivia a tensão que está na origem do sintoma.

Azurita

Ajuda a despertar o líder interior. Ajuda a desenvolver melhor capacidade de decisão e enxergar a realidade como ela é. Liberação de padrões de crença inadequados e limitantes. Solta o passado para poder vivenciar o presente mais plenamente. Liberação de conflitos por meio dos sonhos. Ajuda no emagrecimento, porque suas vibrações ativam energeticamente a tireóide.

Calcedônia

Estimula o otimismo e a criatividade, abrindo conexões com a espiritualidade. Melhora o vínculo mãe-filhos de qualquer idade, sendo excelente para mamães e bebês também, porque favorece a lactação.

Calcita Amarela

Fortalece o organismo em geral e traz vibrações de bem-estar e alegria. Traz otimismo e atitude positiva perante a vida. Ótimo para quem ainda não sabe lidar bem a idéia do próprio sucesso, ou não se autoriza a vencer.

Cianita

Acalma, melhora o sono, a concentração, a capacidade de ser objetivo na comunicação. Alinha os desejos com as necessidades reais do indivíduo e sua realidade, o que permite que se atinja os sonhos e ideais de maneira mais consistente.

Cornalina

Fortalece os laços de sangue e amor em família, promovendo ainda a harmonia nos grupos. Seu principal efeito, no entanto, talvez seja o de ajudar o indivíduo a chamar de volta para si o poder pessoal do qual abriu mão um dia, dentro de suas relações pessoais e afetivas.

Crisocola

Crianças imaturas para a sua idade, mulheres emocionalmente dependentes do parceiro ou dos pais, mesmo quando são economicamente independentes, e pais que competem com os filhos adolescentes podem ser altamente beneficiados por este maravilhoso cristal, na forma de Elixir. Pessoas que têm dificuldades para assumir as responsabilidades do seu momento de vida, porque gostariam de continuar crianças ou adolescentes para sempre, pois é como se reconhecem. Ajuda a trazer equilíbrio entre as idades cronológica e emocional, com freqüência desbalanceadas.

Crisoprásio

Elimina a avareza, a inveja, o egoísmo e libera as tensões. Sua energia traz animação, sucesso em novos empreendimentos e atrai amigos para a pessoa que utiliza sua essência vibracional. Fortalece os laços de amizade e atrai dinheiro em bons negócios.

Esmeralda/Ouro

Desde a antiguidade se diz que a Esmeralda protege os laços do casamento e mantém a harmonia em família. O Elixir pode ser usado para modificar vibracionalmente os registros de problemas de coordenação motora, dislexia e todas as desordens relacionadas com o hemisfério cerebral esquerdo. Traz estabilidade à personalidade. Acalma a mente e o coração das pessoas muito desconfiadas de tudo e de todos indevidamente. Quando há dificuldades para lidar com o pai. Combate a insônia. Amplia as capacidades psíquicas e a clarividência em particular, permitindo que os dons paranormais possam ser mais bem empregados.

Granada Vermelha

Melhora a auto-estima. Boa em casos de co-dependência afetiva, para aqueles que sempre depõem nas mãos do outro a própria felicidade. Ajuda a ver além de suas próprias necessidades. Na antiguidade, a granada era usada como uma pedra que aumentava a capacidade de atração da mulher, e seu Elixir pode ser usado com essa finalidade também.

Hidenita

Essência vibracional muito boa para atrair sorte nas questões financeiras, mas também muito usada como estimulante, pois suas vibrações despertam o apetite sexual masculino, atuando como afrodisíaco. Na verdade, é uma essência que tem a ver com o poder, com a potência em níveis diversos.

Jade

Ajuda quem a toma a se desprender das suas limitações, superando-as. Ajuda a colocar as idéias em ação e, dessa forma, é ótima auxiliar para tornar os sonhos realidade. Traz paz consigo mesmo e com o grupo a que se pertence, estimulando um sentimento de fidelidade e pertinência. Alinha os corpos sutis.

Jaspe Verde

Limpa a tristeza do coração, seja ela decorrente de pequenos fatos ou de traumas profundos. Ajuda a ancorar na terra, a dar centramento. Aumenta a sensibilidade e a compreensão das necessidades dos outros. Vibracionalmente, é muito boa para o fígado e a vesícula, bem como para o olfato. Melhora a digestão.

Lápis-lazúli

Para as pessoas tímidas, em qualquer faixa de idade. Dissipa ilusões que impedem o desenvolvimento do indivíduo. Nesse sentido, a essência é excelente para adolescentes e pessoas emocionalmente imaturas. Ajuda ainda na assimilação do cálcio, da lecitina, do fósforo e das vitaminas B e C, ao tornar o organismo vibracionalmente receptivo a isso. Use junto com o Elixir de Crisocola, pois ambas se complementam.

Madeira Petrificada

Elixir excelente para trabalhar questões trazidas de vidas passadas, que estejam limitando a pessoa no desenvolvimento de sua vida atual. Também para aqueles muito rígidos, que se "fossilizaram" numa determinada posição e nem sequer admitem analisar outras possibilidades ou mudanças. Ajuda a limpar o karma familiar. Muito boa para ser usada junto com o Elixir de Jade.

Malaquita

Para aqueles que têm medo da mudança e têm dificuldade para lidar com dinheiro, por bloqueios antigos, que podem ter sua origem nesta existência ou em vidas passadas. Para quem acha erroneamente que, para se ser elevado espiritualmente, é preciso abrir mão do sucesso financeiro. Na verdade, são pessoas que temem o sucesso, pelas responsabilidades que os bem-sucedidos têm. Ajuda a reconhecer os desejos verdadeiros e dá base para realizá-los. Boa para dar centramento e ligação com a terra, sendo excelente para terapias corporais. Desenvolve o senso da medida correta entre o dar e o receber.

Marfim

Para pais que têm dificuldade para colocar limites para os filhos e para crianças a quem não foram dados os limites corretos. Ajuda a canalizar de forma positiva a energia da raiva, para viabilizar projetos de vida, expectativas, desejos — dentro das situações específicas, serve tanto para crianças quanto para adultos. Para crianças birrentas. Trabalha o senso de disciplina. Para medos entranhados. Ótimo para reparar energeticamente problemas nos ossos e no sistema circulatório. Para quem pratica exercícios de visualização criativa, ajuda a amplificar as formas-pensamento positivas, ajudando na realização mais rápida da concretização.

Olho-de-gato

Usada também contra o mau-olhado, remove os pensamentos negativos e traz objetividade à pessoa que se utiliza dela. Suas vibrações atraem prosperidade e boa sorte, ajudando inclusive na recuperação de fortunas perdidas.

Olho-de-tigre

Para os que levam tudo a ferro e fogo, como algo pessoal. Suas vibrações acalmam e centram, dando a possibilidade de se lidar melhor com medos, preguiça e processos obsessivos. Ajuda também a pôr para fora o ciúme ou a raiva, de forma mais equilibrada. Fortalece a individualidade, desenvolve uma visão mais aguçada e uma intuição que orienta.

Opala

Uma pedra muito usada em encantamentos de beleza pelos antigos magos, também era considerada por eles como uma pedra que traz boa sorte. Suas vibrações acalmam a mente, aliviam o *stress* emocional e ajudam nos casos de insônia. O Elixir é empregado nas terapias de regressão a vidas passadas, facilitando também os exercícios de projeção astral. Ajuda a apurar a intuição e a desenvolver poderes extra-sensoriais. Atrai boa sorte, poder, dinheiro, beleza.

Pedra-da-lua

Tradicionalmente, este cristal tem a ver com o feminino, como a própria Lua. Ajuda nos períodos de TPM — tensão pré-menstrual e na menopausa, principalmente quando associada às essências vibracionais da Amazonita, da Crisocola e do Jade. Boa para as relações afetivas, pois traz vibrações de amor equilibrado. Muda o padrão da relação com a mãe e o feminino, sempre que há tensão nessa área.

Pirita

Tradicionalmente, a Pirita é usada para trazer boa sorte para os negócios no comércio e nas finanças em geral. Ela é conhecida também como "ouro de tolo", porque muitas vezes é confundida com o mesmo, por sua linda cor dourada. É empregada nos casos de ansiedade, nas frustrações geradas por esperanças que não se concretizam e também para personalidades influenciáveis, que acabam se desviando do seu caminho por seguirem os outros. Uma metáfora boa para esta pedra é a história do "Chapeuzinho Vermelho". Para pessoas que sempre se equivocam nas escolhas afetivas, elegendo parceiros inadequados e relacionamentos sem futuro, a pirita é altamente recomendada. Melhora a auto-estima e a autoconfiança. No nível físico, combate a acidez e, conseqüentemente, a azia.

Quartzo Cristal

Remove formas-pensamento negativas e equilibra as energias yin-yang. Ajuda no processo digestivo de emoções fortes, sendo benéfica assim para o estômago e o trato intestinal. Combate os miasmas petroquímicos. Um dos cristais mais importantes nas terapias que se utilizam de minerais, o Quartzo Cristal ajuda no processo de regeneração celular e promove o desbloqueio de todos os chakras, redistribuindo a energia pelo corpo. Quando se busca uma direção na vida, baseado no verdadeiro chamado da alma, esse é o cristal certo para se usar. Além disso, amplia os dons psíquicos e pode ser usada nas meditações, abrindo uma porta para a comunicação com os espíritos da natureza, que regem também os cristais.

Quartzo Rosa

Aumenta a autoconfiança e é excelente auxiliar no reequilíbrio das emoções, ajudando a remover mágoas e dores afetivas. Quando as dificuldades são derivadas da raiva e tensão, especialmente se têm ligação com a figura paterna, o Quartzo Rosa é um dos mais poderosos na sua atuação. Atrai amor, melhora a auto-estima e dissolve ressentimentos antigos.

Safira/Ouro

Vibrações de prosperidade, felicidade e paz fazem parte do repertório desta essência. A Safira aliada ao ouro também cria um campo vibracional que protege contra falsos amigos e os efeitos da magia negra. Bom para ser usado junto com Obsidiana e Turmalina Negra.

Sodalita

Melhora a auto-estima e é indicada nos processo de co-dependência e cura da criança interior. Imprescindível para pessoas desconfiadas das intenções dos outros, sempre com um pé atrás nas relações. Ajuda os grupos a se concentrarem harmoniosamente num objetivo comum, sem disputas para ver quem brilha mais. Desenvolve a solidariedade e a autoconfiança. Equilibra as energias yin-yang. É muito bom junto com o Elixir de Esmeralda/Ouro.

Topázio

Combate a raiva, o medo, e é indicada contra a avareza. Para nos conectarmos com a abundância cósmica, disponível para todos, precisamos abrir mão da sintonia com o sentimento de falta. Sob esse enfoque, é fundamental nas dietas para emagrecer, pois quem tem medo da falta "guarda" alimento em forma de gordura no corpo. É usada para atrair riqueza e dinheiro, quando usada junto com a essência de Olho-de-tigre.

Turmalina Negra

Traz proteção contra energias negativas de toda espécie, sendo talvez a mais poderosa das pedras nesse sentido, pois não precisa passar por processos de limpeza para descarregar as energias negativas que capta das pessoas e dos ambientes. Ela mesma as recicla, devolvendo-as ao ambiente em forma de vibrações positivas e proteção.

Turquesa

Usada em antigos rituais xamânicos, protege contra magias, dá poder a quem a usa e atrai o amor. É considerada uma "pedra de cura". Promove a limpeza de todos os miasmas do corpo.

Uma descrição completa do repertório de mais de 60 cristais e 13 fórmulas pode ser encontrada no livro *Elixires de Cristais: Novo Horizonte da Cura Interior*, da autora.

Fotos Kirlian — Fotos da Aura dos Cristais e seus Elixires

Estes são os padrões de energia dos cristais e dos Elixires feitos dos mesmos. Esses padrões energéticos são agregados à alimentação, quando usamos os Elixires no preparo das refeições. Cada tipo de vibração produz um certo desenho, digamos assim, para facilitar a compreensão. Quando entramos na sintonia da vibração de um cristal, nosso corpo reage ao mesmo, se harmonizando nos aspectos que esse cristal trabalha. Muito simplificadamente, é assim que nos reorganizamos energeticamente, permitindo que o nosso organismo atue em freqüências mais saudáveis.

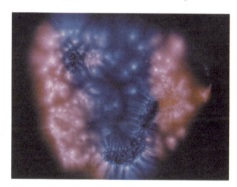

Crisocola (cristal)

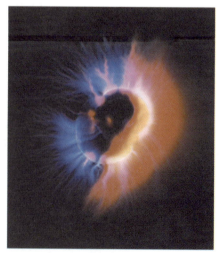

Crisocola (elixir)

FOTOS KIRLIAN — FOTOS DA AURA DOS CRISTAIS E SEUS ELIXIRES ☆

Ágata de Fogo (cristal)

Ágata Musgo (elixir)

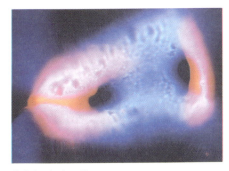

Calcita (cristal)

Calcita (elixir)

Cornalina (cristal)

Peridoto (elixir)

☆ A Cozinha dos Alquimistas

Olho-de-tigre (cristal)

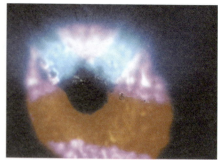
Jaspe Sangüíneo (cristal)

Olho-de-gato (cristal)

Olho-de-gato (elixir)

Gota da Fórmula-11 — Liberação dos Karmas Familiares (elixir)

Turquesa (cristal)

Alguns cristais dos quais são feitos os elixires

Madeira Petrificada

Ametistas

☆ A Cozinha dos Alquimistas

Como Preparar uma Fórmula de Elixires de Cristais para Uso Pessoal

Você pode preparar um vidrinho de Elixires de Cristais para tomar durante o dia, além de colocá-los nos alimentos. Com isso, você estará renovando sua disposição de estar harmoniosamente equilibrado e pode trabalhar simultaneamente mais de uma questão.

Suponhamos que você esteja se sentindo cansado, sem ânimo para começar o dia. Diversas vezes você tem vontade de se encostar no sofá e ficar um tempo ali, embora fique se cobrando as mil coisas que esperam as suas providências. Em suma, você não descansa direito, nem toma uma ação. Você tem que tomar algumas decisões, mas tem sentido muita dificuldade, porque não tem certeza de qual direção é a melhor para você neste momento.

Consulte a lista resumida das propriedades dos cristais, para ver aqueles que virão mais ao encontro de suas necessidades neste momento. (Para consulta mais detalhada, consulte o livro *Elixires de Cristais — Novo Horizonte da Cura Interior*). Suponhamos que o quadro seja o descrito acima. Nesse caso, sua escolha das essências vibracionais — Elixires de Cristais — poderiam recair em:

Ágata Botswana — contra a letargia e o cansaço; devolve a alegria primitiva, ajudando você a ficar mais "ligado" no aqui e agora.

Abalone — ajuda a tomar as decisões de forma equilibrada, sem que as emoções interfiram no racional.

Jade — para que você consiga pôr em ação as decisões tomadas, sem perda de tempo. É o "empurrão" inicial de energia que às vezes estava faltando para que você começasse uma bela jornada.

Fórmula 6 — Alto-astral — fórmula que tem o efeito de um raio de sol, trazendo otimismo, alegria de viver, disposição.

Pegue um vidrinho âmbar (marrom) de 30 ml com conta-gotas e desinfete-o com água fervendo. Coloque nesse frasco sete gotas de cada Elixir mencionado, ou das Fórmulas Compostas, na concentração da solução estoque, completando com água mineral. Tampe-o e bata vigorosamente o fundo do vidrinho contra a palma da mão, para dinamizar a fórmula. Tome sete gotas desse preparado quatro vezes ao dia. Se sentir necessidade, pode tomar mais vezes, sem que isso cause qualquer efeito colateral.

Talvez você esteja se sentindo como um vaso de flores cuja terra está muito seca — assim, ao gotejar a água com carinho sobre ele, a terra vai ficando macia novamente, nutrindo as raízes e dando novo viço à planta. Cuide com amor dessa plantinha que é você.

Já atendi pessoas em estado tão profundo de desequilíbrio energético por depressão, por exemplo, que nos três primeiros dias tomaram quatro gotas de quinze em quinze minutos ou sempre que sentiam necessidade de uma força extra para executar suas tarefas. Depois, foram espaçando, entrando na dosagem regular.

Os Elixires de Cristais são dádivas maravilhosas da natureza que, como outras essências vibracionais, visam devolver o equilíbrio energético à sua estrutura original, perfeita. Eles podem ser valiosos auxiliares não apenas na busca de soluções, como também no trabalho de "melhorar o que já está bom". Ou seja, ajudar você a usar seus melhores recursos interiores para atingir mais facilmente os resultados que você busca.

Eles têm também uma ação preventiva: fortalecem seu ânimo e sua alegria, mantêm vibrações de harmonia e amor no lar e evitam que energias negativas se instalem ao seu redor, servindo como um escudo protetor.

No entanto, como em tudo na vida, o bom senso deve vir em primeiro lugar. Às vezes, é fundamental que você procure um terapeuta que trabalhe com os Elixires de Cristais, para que ele o ajude a entender a origem do problema porque, como eu digo sempre, "quem está dentro da xícara não consegue ver o pires". Por mais treinados que sejamos, nossas emoções interferem na nossa capacidade de percepção das coisas, quando elas dizem respeito a nós diretamente.

Nesses casos, seja objetivo: procure um bom profissional, para que você possa receber todos os benefícios que os cristais milenares podem lhe oferecer na forma de Elixires — essas gotinhas mágicas que mudam o estado de ânimo e dão mais cor à vida.

Segredos da Alquimia da Cozinha

Pontos de Calda ou de Doces

Açúcar Queimado
Leve o açúcar sem água em uma panela ao fogo baixo, até ele amarelar.

Calda Queimada ou de Caramelo
Para cada 2 colheres de açúcar, coloque 1 de água. Leve ao fogo baixo e não deixe escurecer demais, senão fica amargo.

Para clarificar a calda, tirando as impurezas, coloque uma clara mal batida na calda, deixe ferver um pouco e coe. As impurezas ficarão na clara.

Outra forma é juntar à calda algumas gotas de limão. Este método clarifica, mas não limpa.

Ponto de Açucarar
Misture 1 xícara de açúcar e 1/2 xícara de água para fazer a calda até o ponto de açucarar. Para testar o ponto, pegue um pouco da massa e coloque em 1/2 xícara de água fria. Se formar uma bala mole, que se enrola nos dedos, já está no ponto de açucarar.

Ponto de Bala
Pegue um pouquinho da massa da bala e despeje em 1 copo de água fria. Escorra a água. Pegue a massa de bala e jogue-a no fundo do copo. Se fizer um barulhinho, está no ponto de bala. Se ela ficar mole demais para isso, precisa apurar um pouco mais.

Ponto de Bala Dura ou de Quebrar
Tire a calda com uma escumadeira. Se ela escorrer entre os furos em forma de fios, pegue um deles, já frio, e procure quebrá-lo. Se estiver quebradiço, é o ponto de bala dura.

A Cozinha dos Alquimistas

Ponto de Brigadeiro
A massa do brigadeiro ou do docinho está no ponto quando, ao inclinar um pouco a panela, a massa se desgruda e você vê o fundo da panela.

Ponto de Espelho
Tente pegar um pouco da calda com uma escumadeira. Deixe-a cair pelos furos. Se estiver bem transparente, está no ponto de espelho.

Ponto de Fio
Pingue uma ponta de colher de calda em uma xícara com água fria. Experimente o ponto com dois dedos. Se formar um fio, está no ponto.

Ponto de Pasta
Pegue a calda com a escumadeira e deixe cair. Se ela escorrer grossa, é o ponto de pasta.

Ponto de Quebrar
Pingue um ponto da massa em um copo com água. Se formar uma bala dura, quebradiça, está no ponto.

Ponto de Refinar
Vá retirando a espuma que se forma na superfície da calda, até limpá-la. Deixe a calda apurar até o ponto de bala mole. Retire do fogo e bata até esfriar e formar um açúcar refinado.

Ponto de Voar
Pegue um pouco de calda com a escumadeira e deixe escorrer. Se os fios caírem da escumadeira em linhas curvas, a calda está no ponto de voar.

Tabela de Conversão de Pesos e Medidas

Para que a sua receita seja um sucesso, há algumas regras básicas que precisam ser lembradas:

• Os alimentos secos (farinha, fermento, chocolate, etc.) devem ser peneirados juntos, antes de serem adicionados à massa. Dessa forma, a distribuição deles na massa será uniforme.

• Claras em neve devem ser misturadas à massa sem bater, apenas mexendo ligeiramente, para que a massa fique mais leve. Normalmente são acrescentadas ao final, a menos que haja outras instruções específicas a respeito.

• Use sempre a mesma colher ou a mesma xícara para medir os diversos ingredientes de uma receita, para não dar diferença.

• Para facilitar a sua tarefa, compre um copo plástico medidor, e você terá a medida padrão para xícara e o peso de alguns ingredientes como farinha e açúcar. Para sua orientação, segue abaixo uma tabela de equivalência de pesos e medidas:

Ingrediente	Peso	Medida
Açúcar	140 gramas equivalem a	1 xícara de chá
	20 gramas equivalem a	1 colher de sopa
Banha ou gordura	130 gramas equivalem a	1 xícara de chá
	40 gramas equivalem a	1 colher de sopa
Farinha de trigo	100 gramas equivalem a	1 xícara de chá
	25 gramas equivalem a	1 colher de sopa
Maisena	100 gramas equivalem a	1 xícara de chá
	15 gramas equivalem a	1 colher de sopa
Manteiga	150 gramas equivalem a	1 xícara de chá
	20 gramas equivalem a	1 colher de sopa

Cardápio para Emagrecer Comendo Bem

O que é mais importante para emagrecer?

O que é mais importante para que você consiga emagrecer efetivamente? Embora isto pareça óbvio, mais importante do que qualquer método que se escolha, para emagrecer é fundamental que você não esteja se enganando quanto ao seu desejo de ficar magro. Comece a seguir um cardápio apenas se você tiver um desejo real e verdadeiro de emagrecer. Se você ainda não está nesse estágio, deixe para lá. Não comece e pare toda semana, inutilmente, ocupando um espaço na sua mente a respeito disso.

Ninguém é "obrigado" a emagrecer, nem aqueles que sofrem de obesidade mórbida. Como tudo o mais na vida, fazemos escolhas o tempo todo, diariamente. Podemos escolher entre sermos mais saudáveis ou continuar ingerindo uma porção de alimentos que sabemos não serem os mais adequados para nós. Podemos decidir que ir para a praia felizes com a nossa aparência é algo tão motivador que vamos ter alguma disciplina para fazermos as melhores escolhas para que isso aconteça — ou podemos continuar sacrificando a auto-estima e inventando uma porção de justificativas a respeito do porquê não estamos com a aparência que gostaríamos, como se isso dependesse de outra pessoa que não de nós mesmos.

O que eu posso lhe oferecer agora é um pouco da minha experiência como psicóloga que trabalhou com obesos de idades diversas e como professora de cursos de treinamento mental, que conhece o poder que nossa mente exerce sobre nossas realizações, mais até do que o trabalho árduo.

O que eu sempre noto nos obesos é uma resistência muito grande para aceitar limites. Usualmente, eles ultrapassam não só o peso recomendável para sua altura e constituição, mas também em outros aspectos de sua vida. Eles estão ansiosos demais, ou estressados demais, ou deprimidos... De

CARDÁPIO PARA EMAGRECER COMENDO BEM ☆

qualquer maneira, sempre extrapolam os limites considerados normais. Alguns procuram esquecer seus problemas comendo, outros trabalhando em excesso, outros tomando remédios... Alguns usam toda a energia que deveria estar canalizada para emagrecer em esforços para mostrar como são felizes mesmo sendo gordos... Ter consciência de que você está substituindo uma situação ruim por outra inadequada é o primeiro passo.

O objetivo deste cardápio é simplificar sua vida. Você PODE comer normalmente, sem pensar nas escolhas a fazer. As escolhas estão feitas por você, nas sugestões abaixo. Sua participação no processo é não se preocupar com estar fazendo dieta, mas apenas seguir o cardápio. Donas de casa mais organizadas costumam preparar o cardápio da semana, para facilitar a própria vida ou a da sua cozinheira. Pense assim: você está comendo o que está comendo, porque é mais fácil dessa forma.

Se tiver vontade de mastigar algo além, fora dos horários anotados — e é importante que você coma EM TODOS OS HORÁRIOS ANOTADOS — leve com você tirinhas finas de cenoura crua ou salsão em uma pequena vasilha, para comer nesses momentos. Faça disso um hábito. Seus dentes e sua pele agradecem, particularmente. E ao longo do dia, beba bastante água — oito copos é o ideal, a menos que seu médico tenha dado recomendações diferentes. Emagrecer, como aliás quase tudo na vida, é também uma questão de bom senso.

Meu objetivo ao lhe fornecer este cardápio é o de dar um impulso à sua disposição de emagrecer. Você encontrará cardápios completos e variados em livros sobre o assunto, alguns dos quais estão mencionados na "Bibliografia". Há ainda uma lista razoavelmente completa de "pontos" por alimento", que inclui pratos da culinária além dos alimentos crus. Ela foi compilada a partir de diversos informativos dessa ordem, fornecidos por médicos — como o Dr. Alcides Marrocos de Andrade, que foi quem primeiramente me deu uma lista de pontuação de alimentos — e nutricionistas diversos.

Sempre que não se sentir bem com seu corpo, consulte um médico especialista para receber orientação. Independentemente disso, a reeducação alimentar faz toda a diferença. Grupos de ajuda como os "Vigilantes do Peso" também são ótimos para que você permaneça motivado, uma vez que terá companheiros com o mesmo objetivo. O ser humano é muito competitivo, e às vezes, tendo outras pessoas com quem comparar a própria redução do peso, tudo fica mais emocionante. Todos gostam de chegar na frente.

Como sua Poderosa Mente Pode Ajudá-lo a Emagrecer?

A revista *Superinteressante*, que traz matérias da área científica, na sua edição de fevereiro de 2002, página 19, fala das experiências realizadas na Universidade de Cleveland, Ohio, nos Estados Unidos, mostrando que o cérebro não distingue uma experiência real de uma muito bem imaginada.

Os pesquisadores deram instruções para que um grupo de dez pessoas, diariamente por quinze minutos, num período de cinqüenta dias seguidos, imaginassem que estavam movimentando ao máximo o dedo médio da mão. Depois desse período, o resultado foi um aumento de 35% em média na força desse dedo. Outro grupo participou de uma experiência com os músculos do bíceps, obtendo um aumento de desempenho de cerca de 13%, que se manteve por três meses após a interrupção dos exercícios mentalizados.

A explicação científica para esses resultados é que os músculos se movem assim que recebem os sinais enviados pelo cérebro.

Que tal começar a emagrecer assim? Comece a dar o comando para sua mente poderosa e ela ajudará você a chegar lá. Quanto mais reforço você dá em uma direção, mentalmente, mais seu cérebro sai atrás para realizar o seu desejo.

Se você ficar preso ao "padrão de corpo gordo", está apenas reforçando a imagem daquilo que você NÃO QUER para você, conseguindo o resultado contrário.

São as energias que você envia para plasmar as formas-pensamento que vão criar um ou outro tipo de realidade para você. Mais uma vez, a escolha é sua. A higienização do corpo deve ser acompanhada da higienização mental. Use esse instrumento poderoso que é sua mente a seu favor: repita muitas vezes ao dia, para você mesmo, como você está magro (ou magra), como se sente bem, pesando . . . quilos.

Lembre-se: ninguém poderá ajudá-lo, se você ainda não estiver determinado a modificar seus padrões de conduta. Quem faz sempre a mesma receita de bolo de chocolate não pode reclamar de não comer pão-de-ló de laranja.

Exercícios mentais simples para ajudar a emagrecer

Quando se olhar no espelho, veja-se magro. Envie essa imagem para o seu cérebro, mesmo que esteja começando a emagrecer hoje.

Uma vez por dia, feche por uns instantes os olhos e, de olhos fechados, olhe ligeiramente para cima. Com isso, seu cérebro começa a produzir ondas Alfa, o que facilita o processo de visualização.

Veja-se num local agradável, cheio de pessoas amigas que elogiam a sua aparência. Veja-se magro, com o peso que você considera ideal para você. Sinta a profunda alegria que lhe dá estar magro. Coloque nessa cena sons, cheiros, sinta a sua pele melhor, o seu corpo mais leve. Olhe-se num espelho de corpo inteiro, apreciando o quanto você está magro. No alto da moldura do espelho, à esquerda, ele marca exatamente o peso que você deseja atingir, mas você já está se vendo e se sentindo com ele. Quanto mais dados sensoriais você colocar nessa visualização, mais seu cérebro registrará a imagem que você lhe envia como verdadeira e mais facilmente vai conduzi-lo à concretização da imagem projetada.

Mude seu modo de pensar a respeito daquilo que lhe incomoda. Tente algo diferente — reproduzindo a mesma receita de sempre, você obterá o mesmo velho resultado...

Os Elixires de Cristais podem ajudar a emagrecer?

Os Elixires de Cristais ajudam a mudar o padrão vibratório disfuncional. Assim, eles ajudam na alteração da causa do problema. Se você come mais por estar ansioso, ou deprimido, é natural que seja necessário levar em conta o que está acontecendo neste momento da sua vida. Assim, para que seja mais efetivo o seu envolvimento num processo de emagrecimento, é preciso corrigir o desequilíbrio emocional, combatendo o stress, a ansiedade, a depressão, a falta de amor por você mesmo, a insegurança ou o que quer que seja que esteja levando você a uma postura inadequada frente à alimentação. A Fórmula 2 — Emagrecimento é um passo básico, porém é importante ver o que mais está atuando em outros níveis, além da compulsão alimentar.

☆ A Cozinha dos Alquimistas

Nem sempre é fácil, sozinho, identificar o nó da questão. Já trabalhei com adolescentes que embora odiassem estar gordas, continuavam assim porque essa era uma maneira de punir a mãe, ou manipular uma situação familiar. Às vezes, há o que chamamos de "ganho secundário". É o prazer (que nem sempre é consciente) que controla o sofrimento. Se estiver muito difícil para você, procure um terapeuta que trabalhe com os Elixires de Cristais, para ajudá-lo a identificar e desatar este nó.

Então, vamos lá. Agora que você já se decidiu por manter aceso esse desejo real e verdadeiro de emagrecer, esqueça-se de dietas. Coma todos os itens constantes de cada refeição — apenas siga passo a passo o cardápio sugerido.

Beba oito copos de água por dia, para manter seus intestinos funcionando bem, eliminando as toxinas. Veja-se magro ao olhar no espelho e lembre-se que você pode fazer seus exercícios mentais para chegar mais depressa ao seu objetivo de ter um corpo saudável e magro. Se você pretende definir melhor suas formas, a saída é praticar algum exercício físico, adequado para a sua idade e condição física — no entanto, uma simples caminhada diária por cerca de trinta a quarenta minutos pode ser praticada por qualquer pessoa e tem um efeito incrível na melhora de sua disposição. Boa sorte e muita alegria com os seus resultados!

Dieta por Controle da Ingestão de Pontos

Algumas pessoas podem preferir emagrecer por meio do controle daquilo que ingerem durante o dia, em termos de pontuação. Para quem não conhece este método, ele consiste em atribuir um certo número de pontos a cada alimento, cru ou preparado.

Uma dieta básica para quem quer emagrecer (sem levar em conta as necessidades específicas de casos diferenciados, que devem sempre ser acompanhados por um médico) considera a seguinte tabela abaixo como referência:

Seu peso	Pontos por dia Adultos	Pontos por dia Jovens
Abaixo de 68 quilos	18-24	20-26
68 a 79 quilos	20-26	22-28
79 a 90 quilos	22-28	24-30
90 a 100 quilos	24-30	26-32
100 a 113 quilos	26-32	28-34
113 a 124 quilos	28-34	30-36
124 a 136 quilos	29-35	31-37
136 a 148 quilos	30-36	32-38
148 a 158 quilos	31-37	33-39
Acima de 158 quilos	32-38	34-40

O que eu devo fazer para seguir a dieta dos pontos?

Verifique seu peso e veja na coluna de pontos qual a quantidade ideal de pontos que você pode ingerir por dia. Assim, você pode comer bem e, ao mesmo tempo, emagrecer. É importante lembrar um detalhe: o fato de um alimento ter pontuação zero não quer dizer necessariamente que ele não

★ A Cozinha dos Alquimistas

contenha calorias. Por vezes, duas colheres têm pontuação zero, mas meia xícara equivale a um ponto. Então, basta saber quanto você comeu no dia, de acordo com suas escolhas. Pode ser que num dia você prefira comer uma fatia de bolo normal, ingerindo depois mais alimentos com pontuação baixa, até completar o seu total de pontos do dia. A escolha é sua. Mas lembre-se de que emagrecer só faz sentido se você mantiver a saúde. Use os Elixires de Cristais para ajudá-lo a controlar a gula, a fome, a ansiedade, a insegurança, a ter a determinação de manter sua decisão de emagrecer.

Tabela de Pontos por Alimento

Alimentos	Pontos	Alimentos	Pontos	Alimentos	Pontos
Elixires de Cristais	0	Abacate, 4 c.s.	1	Abacaxi, 1 xíc.	1
Abacaxi em calda, 1 xíc.	2	Abóbora	0	Abobrinha	0
Abricó fresco, 3 unidades	0	Açaí, polpa, 1/4 xíc.	1	Acarajé, 1 unidade	4
Acelga	0	Acerola, polpa 1/2 xíc.	0	Açúcar branco, 1 c.s.	1
Açúcar mascavo, 1 c.s.	1	Agrião	0	Aipim cozido, 1 pedaço	2
Aipo	0	Alcachofra, 1 xícara	0	Alcachofra, miolo	0
Alcaparra, 1 c.s.	0	Alcatra, 1 bife	3	Alface	0
Alho	0	Alho-poró	0	Ameixa em calda, 1/2 xíc.	2
Ameixa fresca, 2 médias	1	Ameixa preta, seca, 2 unid.	1	Amêndoas, 22 unidades	4
Amendoim, 20 unidades	2	Amora fresca, 1 xícara	0	Amora, polpa, 1 xícara	1
Anchova enlatada 6 unidades	1	Anéis de cebola, 1 pc. médio	10	Apfelstrudel, 1 fatia pequena	6
Arroz à madrilenha, 1 xíc.	4	Arroz c/lentilha, 1/2 xícara	5	Arroz c/suã (1 costela e 1/2 xícara de arroz)	13
Arroz com brócolis, 1 xícara	5	Arroz com pequi, 3/4 xíc.	6	Arroz coz., integral, 1/2 xíc	2
Arroz cozido, selvagem, 1/2 xíc.	1	Arroz cozido, branco 1/2 xíc.	2	Arroz espanhol, 1 xíc.	5
Arroz frito simples, 1 xícara	8	Arroz shop suey, 1 xíc.	8	Aspargos, 1 xícara	0
Atum, lata 130 g, em água	2	Atum, lata 130 g, em óleo	5	Aveia em flocos, 1/2 xíc.	3
Avelãs, 1/2 xícara	5	Azeite em geral, 1 c.c.	1	Azeitona, qq tipo, 6 unidades	1
Bacalhau à Gomes de Sá, 1 xíc.	10	Bacalhau, 1 posta	3	Bacon, bem passado, 1 fatia	1
Badejo, 1 posta	3	Baião de dois, 1 1/2 xícara	10	Banana da terra, 1 unidade	2
Banana passa, 2 unidades	1	Banana prata, 1 média	1	Bardana, raiz, 1/2 xíc.	1
Batata chips em pc. 1 xícara	4	Batata frita no forno	2	Batata frita, 1 pc. pequeno	6
Batata, purê, 1/2 xíc.	2	Batata, qq tipo, 1 média	2	Batata, salada, 1/2 xíc.	6
Berinjela parmegiana, 1 porção	3	Berinjela recheada, 1 metade	3	Berinjela	0
Bertalha	0	Beterraba	0	Biscoito água e gergelim, 3 unidades	3
Biscoito água e sal, 3 unidades	2	Biscoito cream cracker, 4 unidades	3	Biscoito de polvilho, 12 unidades	1
Biscoito recheado ou não, 2 unidades	3	Biscoito salgado 3 unid.	3	Biscoito salgado, sabor queijo. 1 xícara	3
Biscoito tipo brownie, 1 pequeno	5	Bobó de camarão, 1 xíc.	3	Bolinho de bacalhau, 1 grande	5
Bolinho de bacalhau, 1, de 20 g	2	Bolinho mandioca c / carne	15	Bolo confeitaria qq sabor, 1 fatia	12
Bolo cremoso fubá, 1 fatia 90 g	6	Bolo de carne, 1 fatia média	6	Bolo de chocolate caseiro, 1 fatia	2
Bolo feito em casa, c/cobertura, 1 fatia	7	Bolo inglês, dietético	2	Bolo recheado, qq tipo	4
Bolo suíço, qq tipo, 1 fatia	3	Bombons chocolate, 2 unid.	4	Broa de fubá, 1 unid. de 30 g	4
Broas de mel, 1 unidade	6	Brócolis	0	Brotos, qualquer tipo	1
Cacau em pó, s/ açúcar, 1/4 xíc.	1	Café preto, s/ açúcar 1 xíc	0	Caju fresco	1
Caju, polpa, 1/2 xíc.	1	Calda de chocolate, 1 c.s.	1	Caldeirada de peixe, 2 xíc.	8
Caldeirada de tucuna c/pirão, 1 1/2 xícara	10	Caldo verde, sopa, 1 xíc.	5	Camarão agridoce, 1 xíc.	10

☆ A Cozinha dos Alquimistas

Alimentos	Pontos	Alimentos	Pontos	Alimentos	Pontos
Camarão s/ casca, qq tipo, 1/2 xícara	1	Caneloni ricota e molho bco, 2 unidades	9	Caqui fresco, 1 médio	1
Carambola	0	Carne assada c/batatas, 2 fatias	14	Carne bovina magra, 1 filé	3
Carne moída cozida, 1/2 xíc.	4	Carne picada desfiada, 1/2 xícara	3	Carne seca cozida, 3/4 xíc.	4
Carneiro recheado c/batatas, 2 fatias	15	Caruru, 1 xícara	6	Casquinha de siri, 1	2
Castanha de caju, 14 unidades	4	Castanha-do-pará, 4 unidades	4	Castanha portuguesa 5 unidades	2
Cebola	0	Cebolinha verde	0	Cenoura, 1 xícara	1
Cereais matinais alta fibra, 3/4 xíc.	1	Cereais matinais c/ açúcar, 1 xícara	3	Cereais matinais s/açúcar, 1 xícara	2
Cereais tipo granola, 4 c.s.	2	Cereal de creme de arroz, cozido, 1 xícara	2	Cereal em barra light, 1 unidade	1
Cereal em barra, qq sabor 1 unid.	2	Cereal tipo müsli, 1/2 xícara	2	Cerveja comum, 1 lata	3
Cerveja light, 1 lata	2	Champagne, 1 taça	2	Chantilly em spray, 1/4 xíc.	1
Charutinho de repolho, 1 unid.	15	Cheeseburguer, 1 simples	8	Chiclete s/ açúcar, 1 unid.	0
Chicória	0	Chocolate em barra, 1 quadrado	4	Chocolate em pó c/ açúcar, 2 c.s.	1
Chocolate p/ fondue, 2 c.s.	4	Chuchu	0	Churros c/doce leite, 1 unidade	7
Coalhada seca, 1/2 xícara	4	Coco seco ralado, 2 c.s.	2	Coco, água — 1 copo	0
Cogumelo, qq tipo	0	Contrafilé, 1 bife	3	Coquetel de champanhe, 1 taça	3
Costeleta grelhada, 1 unidade	4	Couve-manteiga	0	Couve-de-bruxelas	0
Couve-flor	0	Coxinha de frango, 1 média	5	Croquete de carne, 1 médio	7
Cuscuz paulista, 1 fatia 150 g	8	Cuscuz argelino, 1 xícara	10	Damasco fresco, 3 unidades	0
Damasco seco, 4 metades	1	Dobradrinha c/feijão branco 1 xícara	9	Doce caseiro tipo brigadeiro	2
Doce de leite comum, 1 c.s.	1	Doce de leite light, 1 pote 80g	4	Empada de camarão, 1 média	4
Endívia	0	Ervilha congelada, 1 xíc.	1	Ervilha de vagem	0
Ervilha em lata, 1/2 xícara	1	Ervilha seca cozida, 1/2 xíc	2	Escarola	0
Esfiha recheada, 1 unidade	8	Espinafre	0	Fajitas, tortillas carne boi, 2 unidades	11
Fajitas, tortillas frango, 2 unid.	8	Fajitas, tortillas porco, 2 rolos	13	Farinha de arroz 2 c.s.	1
Farinha de milho 1/2 xíc.	4	Farinha de rosca, 3 c.s.	1	Farinha de trigo, qq tipo, 4 c.s.	2
Farinha mandioca simples, 4 c.s.	2	Feijão cozido, 1/2 xíc.	2	Feijão de corda c/farinha, 1 xícara	6
Feijão de soja, 5 c.s.	3	Feijão pagão	15	Feijão tropeiro, 3/4 xíc.	7
Feijoada carioca	17	Fígado cozido, 1 bife ou 1/2 xícara	2	Figo fresco, 2 médios	1
Filé à Parrilha, fatia	15	Folhas verdes, qq tipo	0	Framboesa fresca	0
Frango parmegiana, 1 porção = 1 xícara	10	Frango 1/2 peito s/ pele, ou 1 filé	3	Frango agridoce, 1 xíc.	10
Frango marroquino, 1 xíc.	10	Frango 1/2 peito c/pele, ou 1 filé	5	Frango, asa assada, 3 unidades	9
Frango, carne escura, 1/2 xíc.	3	Frango, coração 3 unidades	3	Frango, coxa c / pele,1	2
Frango, coxa s / pele, 1	1	Frango, fígado, 1/2 xícara	2	Frango, hambúrguer, 1	2

TABELA DE PONTOS POR ALIMENTO ☆

Alimentos	Pontos	Alimentos	Pontos	Alimentos	Pontos
Frango, moela, 2 unid.	3	Frango, nugget (veja "Nuggets")		Frango, peito cozido, 1/2 xíc.	2
Frango, sobrecoxa c / pele	4	Frango, sobrecoxa s / pele	3	Frijoles refritos (feijão frito), 1/2 xícara	3
Frios de aves, 1 fatia fina	1	Fritada de legumes peq.	6	Fruta do conde, 1 média	3
Fruta-pão, 1/4 de uma	1	Frutos do mar, misto, 1/2 xíc.	2	Fubá cozido, 1/2 xícara	2
Fubá de milho 1/2 xíc.	4	Funcho	0	Galinhada(1 coxa, 1/2 xícara de arroz)	13
Gatorade, 1 garrafa	0	Gelatina comum, 1/2 xícara	1	Gelatina diet, 1/2 xícara	0
Geléia comum de frutas, 2 c.s.	2	Geléia de mocotó, 2 c.s.	1	Geléia diet frutas, 2 c.s.	1
Gim, 1 dose 60 ml	2	Goiaba em calda, 1/2 xíc.	2	Goiaba fresca	0
Goiabada cascão, 1 fatia média	2	Grapefruit, 1 média	1	Graviola, 1/4 de uma	2
Groselha fresca, 1 xícara	0	Guacamole (abac. e tomate) 4 c.s.	1	Haddock, 1 posta	4
Hambúrguer, 1 peq. simples	6	Hambúrguer, 1	3	Hommus, 4 c.s.	3
Iogurte nat. integral 200 g	3	Iogurte natural desnat. 200 g	2	Iogurte, light frutas, 1 pote 120 g	1
Jabuticaba, 1/2 xícara	1	Jaca, 1/2 xícara	1	Jambo, 1 unidade	1
Jiló	0	Kafta no espeto, 1 espeto	10	Kartoffelsalat, salada batatas 1 xícara	4
Kasseler, carré defumado, 1	8	Ketchup, 1/4 de xícara	1	Ketchup, 2 c.s.	0
Kiwi, 1 unidade	0	Lagosta, carne, 1/2 xícara	1	Laranja, 1 pequena	1
Lasanha c/ carne, 1 porção 5x10	6	Lasanha, 2 tiras	2	Legumes c/molho feijão preto	8
Legumes chineses c / camarão	4	Legumes chineses c / carne 1 xícara	6	Legumes chineses c / frango 1 xícara	5
Legumes chineses c/porco, 1 xíc.	7	Legumes chineses c/tofu, 1 xícara	4	Leite condens. light 1/2 xícara	7
Leite condensado comum, 1/2 xícara	10	Leite de coco comum, 1/4 de xícara	4	Leite de coco light, 1/4 xícara	2
Leite de soja, 1 copo	1	Leite desn. em pó, 2 c.s.	2	Leite desnatado, 1 copo	2
Leite integr. em pó, 2 c.s.	4	Leite integral, 1 copo	4	Leite semidesnat., 1 copo	3
Lichia, 1 xícara	2	Licor, 1 dose 60 ml	2	Limão	0
Linguado, 1 posta	3	Lingüiça calabresa, 1 unid.	6	Lombo/lombinho 2 fatias médias	3
Lula crua, 1/2 xícara	2	Lula frita, 1/2 xícara	4	Maçã fresca, 1 média	1
Maçã seca em pedaços, 1 xíc.	1	Maçã, purê s / açúcar, 1 xíc.	1	Macadâmia, 1/4 xícara	6
Macarrão c/ 2 almôndegas, molho	16	Macarrão c / legumes, 1 xíc.	8	Macarrão cozido qq tipo, 1 xícara	3
Macarrão cru, 1/2 xíc. ou 45 g	3	Macarrão s / óleo, 1 xíc.	3	Maionese comum, 1 c.c.	1
Maionese light, 2 c.c.	1	Maisena 2 c.s.	1	Mamão, 1 xícara	1
Mandioca cozida, 1 ped.	2	Mandioca frita, 5 ped. peq.	5	Manga, 1/2 xícara	1
Manteiga, 1 c.c.	1	Maracujá, 1	0	Margarina comum, 1 c.c.	1
Margarina light, 2 c.c.	1	Marmelo, 1 unidade	1	Maxixe	0
Melancia, 1 xícara	1	Melão	0	Melão, qq tipo, 1 xíc.	1
Mexilhão,carne, 1/2 xícara	2	Milho congelado, 1/2 xícara	1	Milho em conserva, 1/2 xícara	1
Milho, espiga, 1	1	Milk shake, qq sabor, 300 ml	9	Mirtilo, 1 xícara	1
Molho agridoce, 2 c.s.	1	Molho de tomate, extrato, 2 c.s.	0	Molho italiano light, 2 c.s.	1

☆ A Cozinha dos Alquimistas

Alimentos	Pontos	Alimentos	Pontos	Alimentos	Pontos
Molho p / salada creme, light 2 c.s.	2	Molho salada, qq outro tipo 2 c.s.	4	Molho shoyo, 1 c.s.	0
Molho tom. refog. s/ óleo, 1/2 xíc.	0	Molho tom. refog. c/óleo, 1/2 xícara	3	Molho tomate refogado, 1/2 xícara	3
Molho tomate, purê, 1/2 xícara	0	Moqueca capixaba, 1 posta	4	Moqueca de peixe, 1 posta	9
Morango, 1 xícara	0	Mortadela, 1 fatia fina	2	Mostarda preparada 1 c.s.	0
Mostarda	0	Mostarda, wasabi, 2 c.s.	0	Mungunzá, 1/2 xícara	5
Nabo	0	Nachos, chips de milho c/ queijo, 4	8	Namorado, 1 posta	4
Nectarina, 1 unidade	1	Nescau comum ou light, 2 c.s.	2	Nêspera, 3 unidades	0
Nirá	0	Nozes, 14 metades	5	Nugget de frango cozido, forno 1	1
Nugget tipo fast food, 6 unid	8	Óleos em geral, 1 c.c.	1	Omelete c / legumes peq.	6
Ovo inteiro, 1	2	Ovo, clara 1 unidade	0	Ovo, claras, 4 unidades	1
Paella Valenciana, 2 xíc.	18	Palmito	0	Palmito, 1 xícara	0
Panceta defumada, 1 f.fina	2	Pão árabe pequeno	1	Pão de cachorro-quente	3
Pão de forma light, 1 fatia	1	Pão de hambúrguer	3	Pão de queijo grande, 1 unidade	4
Pão de queijo médio, 2 unidades	4	Pão de queijo pequeno 4 unidades	4	Pão francês, 1 unidade	3
Pão, qq outro tipo, 1 fatia	2	Papaia, 1 xícara	1	Pasta de amendoim, 1 c.s.	2
Pastel de queijo, 1 médio	4	Pastel de Santa Clara, 1 unid.	12	Pastelão de frango e palmito, 1 fatia	12
Patê qq tipo, 2 c.s.	1	Pato assado sem pele, 1/4	5	Pé de moleque, 1 pedaço	2
Peixe carne bca, 1 filé ou posta	3	Peixe carne escura 1 filé/posta	4	Pepino	0
Pêra em calda, 1/2 xíc.	2	Pêra fresca, 1 média	1	Pêra seca, 1 unid.	1
Peru, carne escura 1/2 xíc. ou 2 f. méd	3	Peru, carne branca s/ pele 1/2 xícara	2	Pêssego em calda, 1/2 xícara	2
Pêssego fresco, 1 médio	0	Pêssego seco, 2 unid.	0	Picles em conserva	0
Picolé de fruta, 1	1	Pimentão, qq tipo	0	Pinga, 1 dose 60 ml	2
Pinhãozinho, 2 c.s.	4	Pinho do Pará, 7 unidades	3	Pipoca de cinema, c / gordura 3 xícara	3
Pipoca de microondas c/gord. 3 xícara	3	Pipoca de microondas light, 3 xícara	1	Pipoca em casa, c / óleo, 3 xícara	3
Pipoca em casa, s/ óleo, 3 xíc.	1	Pirão de peixe, 1/2 xícara	2	Pistache, 12 unidades	4
Pitanga, 1 xícara	1	Pizza média de queijo, 1/4	4	Pizza média, de calabresa 1/4	5
Pizza média, napolitana 1/4	4	Pizza média, portuguesa 1/4	5	Pó para manjar, 1/2 xícara	2
Polvilho 2 c.s.	1	Polvo, 1/2 xícara	2	Pomelo, 1 médio	1
Porco agridoce, 1 xícara	12	Porco, carré ou bisteca, 1 média	5	Porco, costeleta, 1 unidade	5
Porco, lingüiça calabresa 1 unidade	6	Posta de peixe congelado, 3 unidades	4	Presuntada, 1 fatia fina	6
Presunto comum, 2 fatias finas	3	Presunto Parma, 2 fatias finas	1	Presunto tipo tender, 1 fatia média	3
Puchero, cozido, 2 xíc.	14	Pudim de leite c / calda	4	Pudim light, leite desnatado	1
Purê/polpa de qq fruta s / açúcar	1	Queijadinha, 1 unidade	3	Queijo cottage, 5 c.s.	2

62

TABELA DE PONTOS POR ALIMENTO ☆

Alimentos	Pontos	Alimentos	Pontos	Alimentos	Pontos
Queijo cream cheese light 3 c.s.	2	Queijo cremoso qq tipo, 2 c.s.	2	Queijo de soja, tofu 1/2 xíc. ou 100 g	2
Queijo duro/semiduro, 2 fat. finas	3	Queijo-minas, 1 fatia média	2	Queijo Polenguinho light, 1	1
Queijo prato light, 2 fatias finas	2	Queijo prato/mussarela, 2 fatias finas	3	Queijo ralado, parmesão 2 c.s.	1
Quesadilha, tortilla trigo c / queijo	5	Quiabo	0	Quibe frito, 1 médio	5
Quibe, 1 grande	10	Quindim, 1 pedaço	2	Rabanete	0
Ravióli carne, 8 unid. c / 1/2 xícara de molho	14	Ravióli de queijo, c/molho tomate	16	Refrigerante comum, 1 lata	3
Refrigerante diet, 1 lata	0	Repolho	0	Requeijão 0% gordura, 2 c.s.	0
Requeijão 0% gordura, 4 c.s.	1	Requeijão light, 2 c.s.	1	Requeijão, 2 c.s.	2
Ricota comum, 3 c.s.	2	Ricota light, 3 c.s.	1	Rolinho primavera, 1 unid.	5
Romã, 1	2	Rúcula	0	Ruibarbo	0
Sagu ou tapioca, cru, 1/2 xícara	5	Salada de frutas, 1/2 xícara	1	Salame, 1 fatia fina	2
Salmão, 1 posta	4	Salsicha light, 1 unid.	3	Salsicha tipo hot-dog, 1 unid.	5
Salsichão, 1 unidade	15	Sanduíche de frango, 1 unid.	9	Sanduíche de peixe, 1 unid	12
Sanduíche tipo fast food, 1 unidade	9	Sapoti, 1 unidade	1	Sardinha empanada, 1 média	10
Sardinha, 1 filé	4	Sardinha, lata 130 g, escorrida	4	Sauerbraten, carne agridoce 1 xícara	13
Sauerkraut, chucrute, 1 xícara	6	Semente de abóbora, 1 c.s.	1	Semente de gergelim, 1 c.c.	0
Semente de papoula, 2 c.s.	1	Semente gergelim, 1 c.s.	1	Semente girassol, 1 c.s.	1
Serralha	0	Siri, carne, 1/2 xícara	1	Sopa de agridoce, 1 xíc.	2
Sopa de cebola, 1 xícara	4	Sopa de ovos, 1 xícara	1	Sopa ervilha, 2 xícaras	7
Sopa gazpacho, 1 xícara	4	Suco de fruta fresca, 1/2 xíc.	1	Suco de fruta pronto diet, 1 xícara	0
Suco de fruta pronto, 1/2 xíc.	1	Suco fruta fresco, qq tipo, 1/2 xícara	1	Suco fruta pronto diet, 1 xícara	0
Suco fruta pronto qq tipo, 1/2 xíc.	1	Sushi (maki, nigiri, nori maki) 4 unidades	2	Tabule, 1/2 xícara	4
Taco c / recheio carne	6	Taco com recheio de frango	5	Tahine, 2 c.s.	2
Taioba	0	Tâmara, 5 unidades	2	Tamarindo, polpa, 2 c.s.	1
Tangerina, 1 média	1	Tapas qq tipo, 1 unid. ou 1/2 xícara	6	Tempura frito de camarão, 4 unidades	12
Tempurá frito de legumes, 1 xíc.	8	Teriyaki frango, equiv. 1 filé	6	Teriyaki peixe, equivalente 1 filé	5
Teriyaki, 1 c.s.	0	Teriyaki, carne bovina (= 2 filés)	7	Tomate qq tipo	0
Tomate seco s / óleo 1/2 xíc.	0	Tomate, suco, 1/2 xícara	0	Torta de banana, 1 fatia 90 g	5
Tortilla sem recheio assada	2	Truta, 1 filé	4	Uísque, 1 dose 60 ml	2
Uva passa, 2 c.s.	1	Uva, qq tipo, 1 xícara	2	Vaca atolada (1 cost., 1 mandioca)	13
Vagem, qq tipo	0	Vieiras, 1/2 k	1	Vinho, qq tipo 1 taça 120 ml	2
Vitela, 2 fatias médias	3	Zarzuela, cozido frutos do mar, 2 xícaras			6

Organizando e Facilitando sua Vida

1. Se é você quem prepara as suas refeições, organize-se para fazer a lista do que precisa ser comprado para a semana. No fim de semana, vá ao supermercado e compre apenas o necessário da lista. Se puder, adiante o preparo de alguns pratos e congele-os nas porções certas, para apenas esquentar no microondas a cada dia.

2. Além dos pratos salgados, você pode fazer as geléias, os bolos e as sobremesas para congelar. Se você tem uma cozinheira ou alguém que ajuda no preparo das refeições, oriente para que ela siga estritamente as suas instruções quanto à quantidade de óleo ou de azeite em cada prato. Ela será fundamental para facilitar sua vida enquanto você estiver emagrecendo. Se por qualquer razão ela decidir sabotar o seu propósito (e acredite, isso acontece com freqüência, apenas por teimosia), pergunte a ela por que não está seguindo as suas instruções a respeito da alimentação, para que ela saiba que você percebeu.

3. Se sua ajudante vai preparar os pratos de uma vez para congelar, esteja com ela na primeira vez, para mostrar o tamanho de cada porção a ser congelada. Para facilitar ainda mais, sirva os pratos como são servidos nos restaurantes, quando você escolhe um cardápio. O prato pode ser montado de forma bonita, porque agrada aos olhos também, mas apenas na quantidade sugerida. Afinal, no restaurante você tem que pagar por uma segunda porção, se resolver repetir o prato.

Cardápio *Light* para a Semana

Segunda-feira

Café da manhã
- 1 gelatina de uva *light* (vide receita)
- 1 fatia de pão de forma *light*
- 1 fatia de queijo prato *light*
- 1 copo de leite desnatado
- 2 gotas da Fórmula 2 — Emagrecimento — Elixires de Cristal

10:30
- 1 maçã Fuji com casca
- 2 gotas da F-2 — Emagrecimento

Almoço
- Salada de atum (ou salmão) (vide receita)
- 1 laranja-pêra com bagaço
- 2 gotas da F-2 — Emagrecimento

15:30
- 1 pêra com casca
- 2 gotas da F-3 — Rejuvenescimento

Jantar
- Filé de frango assado (vide receita)
- Delícia de espinafre (vide receita)
- Salada de alface, agrião e rúcula. Tempere com 1 colher (chá) de azeite,orégano e sal.
- 2 gotas da F-3 — Rejuvenescimento

Lanchinho antes de dormir
- 1/2 copo de leite desnatado ou
- 1 iogurte desnatado, temperado com um pouquinho de sal
- 2 gotas da F-2 — Emagrecimento

Terça-feira

Café da manhã
- Melancia — 1 xícara
- 1 copo de leite desnatado
- 1 fatia de pão de forma *light*
- 2 colheres de sopa de geléia de morango *diet* (vide receita)
- 2 gotas da F-3 — Rejuvenescimento

10:30
- 1 pêra com casca

Almoço
- Berinjela com cogumelos (vide receita)
- Arroz — 1/2 xícara
- Salada de alface e agrião temperada com molho shoyo
- Melão em cubos — 1 xícara
- 2 gotas da F-2 — Emagrecimento

15:30
- 1 banana-prata

Jantar
- Ratatouille (vide receita)
- 1/2 xícara de arroz integral
- Suco de frutas pronto, *diet* — 1 copo
- 2 gotas da F-2 — Emagrecimento

Lanchinho antes de dormir
- 1 gelatina de uva *diet* (vide receita)
- 1 copo de leite desnatado
- 1/2 xícara de *corn-flakes* sem açúcar
- adoçante artificial de sua escolha
- 2 gotas da F-2 — Emagrecimento

Quarta-feira

Café da manhã
- Suco de frutas pronto, *diet* — 1 copo
- 1 fatia de pão de forma integral, torrado

- geléia *diet* de morango (vide receita)
- 1 copo de leite desnatado
- 2 gotas da F-2 — Emagrecimento

10:30
- 1 banana-prata
- 2 gotas da F-2 — Emagrecimento

Almoço
- Brócolis gratinado (vide receita)
- 1 filé de frango grelhado, sem óleo
- Salada de folhas verdes, temperada com 1 colher (chá) de azeite, sal e orégano
- Mamão picado, 1 xícara
- 2 gotas da F-2 — Emagrecimento

15:30
- 1 laranja com bagaço

Jantar
- Sopa de abobrinha e hortelã — 1 porção (vide receita)
- 1 pão árabe pequeno
- 1 ovo mexido, preparado com 1 colher de café de margarina *light*
- 3 colheres de sopa de ricota *light*
- 1 maçã Fuji média
- 2 gotas da F-2 — Emagrecimento

Lanchinho antes de dormir
- Peras ao gengibre — 1 porção (vide receita)
- 1 potinho de iogurte natural desnatado
- 2 gotas da F-2 — Emagrecimento

Quinta-feira

Café da manhã
- 1 copo de suco de frutas *diet*
- 1 fatia de bolo de café e chocolate (vide receita)
- 1 copo de leite desnatado
- 2 gotas da F-2 — Emagrecimento

☆ A Cozinha dos Alquimistas

10:30
- 1 maçã Fuji

Almoço
- Aspargos gratinados (vide receita)
- 1/2 xícara de purê de abóbora hokaido (vide receita na 1ª parte do livro)
- Salada de couve crua, fatiada bem fininho
- 1 tomate
- 1 laranja pêra com bagaço
- 2 gotas da F-2 — Emagrecimento

15:30
- 1 pêra

Jantar
- Sopa de couve-flor (vide receita)
- Salada de alface, rúcula e escarola, temperada com molho shoyo
- Peito de peru — 2 fatias médias
- Vinho tinto — 1 taça
- Salada de frutas — 1/2 xícara
- 2 gotas da F-2 — Emagrecimento

Lanchinho antes de dormir
- Musse de manga (vide receita)
- 1/2 copo de leite desnatado
- 1 xícara de chá de ervas
- adoçante artificial
- 2 gotas da F-3 — Rejuvenescimento

Sexta-feira

Café da manhã
- 1 pêra
- 1 iogurte natural desnatado — use adoçante artificial, se desejar
- 1 fatia de pão de forma integral
- 2 gotas da F-2 — Emagrecimento

10:30
- 1 banana-prata

Almoço
- 1 bife de carne magra, sem gordura, grelhado
- 1/2 xícara de arroz
- Salada de alface, tomate e pepino, temperada com sal, 1 colher (chá) de azeite e folhas de manjericão fresco
- 2 gotas da F-2 — Emagrecimento

15:30
- 1 pêssego

Jantar
- Quiche de espinafre e ricota (vide receita)
- Salada de folhas verdes e tomate
- Melancia picada — 1 xícara
- 2 gotas da F-10 — Amor, Auto-estima

Lanchinho antes de dormir
- 1 fatia de bolo de chocolate e café (vide receita)
- 1 copo de leite desnatado

Sábado

Café da manhã
- 1 fruta da sua escolha
- 1 copo de leite desnatado
- 1 pão francês
- 2 colheres de sopa de requeijão com 0% de gordura
- 2 gotas da F-10 — Amor, Auto-estima

10:30
- 1 maçã Fuji

Almoço
- Filé de frango assado — 1 porção (vide receita)
- Purê de batatas, 1/2 xícara
- couve-flor, 1/2 xícara
- Salada de alface, escarola e tomates temperada com manjericão fresco
- 1 colher de café de azeite e sal
- 2 gotas da F-10 — Amor, Auto-estima

A Cozinha dos Alquimistas

15:30
- 1 pêssego ou 6 morangos

Jantar
- Sopa de acelga (vide receita de Sopa de couve-flor, substituindo por Acelga)
- 2 fatias de pão de forma *light* torrado
- Couve flor gratinada — 1 porção
- 1 iogurte *light* de frutas
- 2 gotas da F-2 — Emagrecimento

Lanchinho antes de dormir
- 1 maçã em compota (vide receita)
- Pipoca de microondas *light*, 3 xícaras
- 2 gotas da F-10 — Amor, Auto-estima

Domingo

Café da manhã
- 1 mamão papaia
- 1 xícara de leite desnatado
- 1 fatia de pão de forma *light*
- 1 colher de chá de margarina *light*
- 1 fatia média de queijo de Minas
- 2 gotas da F-10 — Amor, Auto-estima

10:30
- 1 caqui médio

Almoço
- 1 filé de salmão grelhado
- Couve-flor cozida, 1/2 xícara
- Arroz integral, 1/2 xícara
- Salada de folhas verdes variadas, rabanete e tomate, temperada com sal, orégano, vinagre balsâmico e 1 colher chá de azeite
- 1 maçã
- 2 gotas da F-2 — Emagrecimento

15:30
- 1 laranja-pêra com bagaço

Jantar
- 2 nuggets de frango
- 2 colheres de chá de maionese *light*
- 1 colher de chá de catchup
- Legumes crus cortados em palitos (cenoura, salsão, aipo, etc.)
- Arroz-doce, 1 porção
- 2 gotas da F-2 — Emagrecimento

Lanchinho antes de dormir
- 1 potinho de iogurte desnatado, natural
- 1 colher (chá) de mel
- 2 gotas da F-10 — Amor, Auto-estima

Receitas do Cardápio Especial *Light*

Berinjela com Cogumelo Shiitake
- 1/2 xícara de berinjela cortada em cubos pequenos, afervendada, bem escorrida
- 4 cogumelos shiitake grandes, partidos
- 1 colher de sopa de cebola picada
- sal e pimenta a gosto
- 1 colher (sopa) de salsa picada
- 7 gotas do Elixir de Olho-de-gato

1. Numa frigideira antiaderente, junte a berinjela, virando com a colher de pau até ficar ligeiramente tostada.
2. Junte os cogumelos, a cebola, o sal e a pimenta. Cubra e deixe cozinhar em fogo baixo por 15 minutos. Junte a salsa e leve ao fogo por mais 5 minutos. Coloque as gotas de Elixir de Olho-de-gato. Sirva bem quente. Dá para 1 pessoa.

Brócolis Gratinado
- 1 1/2 xícara (chá) de brócolis (ou substitua por couve-flor ou aspargos)
- sal a gosto
- 1/2 cebola ralada
- 1 dente de alho socado
- 1/2 xícara (chá) de queijo-minas picado
- 1 fatia de pão de forma integral cortado em cubinhos bem pequenos e torrados
- 10 gotas do Elixir de Topázio e 10 do de Peridoto

1. Cozinhe o brócolis em água e sal. Escorra e tempere com cebola, alho e sal. Coloque num pirex.
2. Derreta o queijo e coloque sobre o brócolis. Salpique as torradinhas sobre o queijo. Dá para 1 pessoa.

Compota de Maçã
- 10 maçãs Fuji descascadas
- 1 pacote de gelatina de morango *diet*
- 1/2 litro de água
- 3 envelopes de adoçante

- 6 cravos-da-índia
- 1 pauzinho de canela
- 4 lasquinhas de casca de limão
- 20 gotas de Elixir de Granada Vermelha

1. Numa panela de pressão, dissolva a gelatina na água, conforme instruções da embalagem. Junte os 3 envelopes de adoçante, as maçãs, o cravo, a canela e as lasquinhas de limão.
2. Tampe a panela de pressão e leve ao fogo. Assim que pegar pressão, conte 3 minutos e desligue. Deixe a panela tampada pelas 8 horas seguintes, para que as maçãs fiquem bem vermelhinhas, macias e saborosas. Destampe, junte as gotinhas de Granada Vermelha e leve para gelar numa compoteira.

Bolo de Café e Chocolate
- 1 1/2 xícara de farinha de trigo
- 1 colher (chá) de bicarbonato de sódio
- 1 colher (café) de fermento em pó
- 2 colheres (sopa, cheias) de cacau em pó
- 1/2 xícara de açúcar mascavo
- 1/2 xícara (chá) de café forte
- 2 ovos
- 3 colheres (sopa) de margarina *light*
- 1 colher (chá) de essência de baunilha
- 1 pote de iogurte natural desnatado
- 20 gotas da Fórmula 2 — Emagrecimento

1. Junte os ovos, a baunilha, a margarina, o açúcar mascavo e bata bem na batedeira até ficar um creme homogêneo. Adicione o cacau e bata mais um pouco.
2. Peneire junto numa tigela a farinha de trigo, o fermento e o bicarbonato de sódio.
3. Vá juntando a farinha à mistura do bolo, alternando com o café e o iogurte.
4. Preaquecer o forno a 180 graus (forno médio).
5. Despeje a mistura numa assadeira média retangular, untada com margarina e polvilhada com farinha de trigo.
6. Leve ao forno por cerca de 30 minutos ou até ficar firme. Ao retirar, com o bolo ainda quente, adicione sobre ele as gotas da F-2 — Emagrecimento. Espere esfriar para cortar.

Delícia de Espinafre
- 1 maço de folhas de espinafre lavadas
- 1 xícara de caldo galinha sem gordura
- 1 colher (sopa) de cebola ralada
- 2 colheres (sopa) de iogurte desnatado
- sal temperado
- 10 gotas de Elixir de Olho-de-tigre

1. Refogue o espinafre no caldo de galinha. Escorra bem, espremendo as folhas.
2. Junte ao espinafre a cebola, o iogurte e o sal temperado, mexendo bem. Retire do fogo e junte as gotas do Elixir de Olho-de-tigre, antes de servir.

Filé de Frango Assado
- 2 peitos de frango sem osso e sem pele — 250 g no total
- 1/2 colher (chá) de sal de aipo
- 1/2 colher (chá) de ervas misturadas (tempero para frango)
- 1 xícara de caldo de galinha sem gordura
- 3 colheres (sopa) de vinho branco seco
- 1/2 colher (sopa) de cebola picada
- 1 colher (chá) de salsa picada
- páprica doce a gosto
- 10 gotas de Elixir de Pedra-da-lua

1. Corte os peitos ao meio, formando os filés. Esfregue bem com o sal de aipo e ervas para temperar. Coloque numa assadeira.
2. Junte o caldo de galinha ao vinho, a cebola, a salsa e a páprica. Mexa bem e despeje sobre os filés de frango.
3. Cubra a assadeira com papel alumínio e asse por 25 minutos. Tire o papel, regue os filés com o caldo da assadeira e leve ao forno novamente, sem o papel, por mais 15 minutos ou até eles ficarem macios. Servir com o caldo. Por último, adicione as gotas de Pedra-da-lua. Dá para 3 a 4 pessoas.

Gelatina de Uva
- 2 xícaras de suco de uva
- 2 xícaras de água
- 3 colheres (sopa) de adoçante em pó
- 1 envelope de gelatina em pó sem sabor
- 2 cravos-da-índia

- 1 pauzinho de canela
- 1 colher (chá) de sementes de erva-doce

1. Reserve 1/2 xícara de água e coloque o restante numa panela, junto com o suco de uva, a canela, o cravo e a erva-doce. Leve ao fogo, deixando ferver por cerca de 10 minutos em fogo baixo.
2. Coe, retirando as especiarias. Amoleça a gelatina na água reservada e aqueça até dissolver, sem deixar ferver. Junte o adoçante e a mistura do suco de uva.
3. Despeje num pirex ou em taças individuais. Espere esfriar e leve ao refrigerador.

Geléia de Morango
- 2 xícaras de morango
- 1 colher (chá) de gelatina sem sabor, vermelha (2 g)
- 4 colheres (sopa) de suco de limão
- 1/2 xícara de adoçante em pó
- 2 colheres (sopa) de água fria
- 4 cravos-da-índia
- 15 gotas da Fórmula 7 — Limpeza Energética e Proteção

1. Coloque os morangos com o adoçante, o suco de limão e os cravos-da-índia numa panela, tampe e cozinhe por cerca de 10 minutos ou até que o morango amoleça e junte líquido.
2. Dissolva a gelatina na água e adicione aos morangos. Mexa, junte as gotas da F-7 — Limpeza Energética e Proteção e acondicione a geléia num pote de vidro no qual se passou água fervendo antes. Mantenha bem fechado.

Musse de Manga
- 3 xícaras (chá) de manga cortada em cubinhos ou em polpa
- 1 envelope de gelatina em pó sem sabor (12 g)
- 2 colheres (sopa) de água fria
- 3 claras
- 2 colheres (sopa) de adoçante em pó
- 10 gotas do Elixir Esmeralda/Ouro e 10 de Malaquita

1. Coloque a manga numa panela e leve ao fogo até ferver. Retire do fogo e reserve 1 xícara da polpa.

2. Dissolva a gelatina com a água. Leve ao fogo baixo, em banho-maria, até ficar líquida, mas sem ferver.
3. Junte as outras 2 xícaras de polpa à gelatina dissolvida.
4. Bata as claras em neve, acrescente o adoçante até virar um suspiro firme. Misture levemente a esse suspiro o creme de manga.
5. Despeje numa forma furada no meio, tamanho médio, molhada previamente e deixe gelar até endurecer.
6. Desenforme. Junte à polpa de manga reservada as gotas de Esmeralda/Ouro e Malaquita e despeje a mistura sobre o musse. Mantenha na geladeira.

Peras ao Gengibre

- 4 peras pequenas
- 4 lascas de gengibre fresco, cortadas bem fininho
- 2 colheres (sopa) de mel
- 1 envelope de adoçante
- 1/2 colher (café) de raspas de limão
- 4 colheres (café) de suco de limão
- 4 cravos-da-índia
- gotas de baunilha
- 20 gotas da Fórmula 6 — Alto-astral

1. Corte as peras ao meio, retire as sementes.
2. Aqueça numa panela o suco de limão, a raspa de limão, o mel, o adoçante, os cravos e as lasquinhas de gengibre, misturando bem, sem deixar ferver.
3. Coloque as peras nesse caldo, coloque um pouquinho mais de água e tampe.
4. Leve ao fogo. Ao levantar fervura, abaixe o fogo e deixe as peras cozinharem por cerca de 15 minutos ou até ficarem macias. Junte as gotas de baunilha e de Elixires de Cristais ao caldo e misture bem.
5. Quando esfriar, junte 5 gotas da F-6 — Alto-astral a cada pêra e leve para gelar, se preferir, antes de servir. Sirva cada metade das peras com 1 colher de sorvete de creme *diet* ou 1 iogurte natural misturado com um pouquinho do caldo das peras. Enfeite com 1 cravo sobre o sorvete ou o iogurte.

Quiche de Espinafre e Ricota

- 1 maço de folhas de espinafre lavadas e refogadas só com sal temperado
- 3 ovos batidos
- 170 g de ricota desnatada

- 2 fatias de pão integral, molhadas na água e espremidas
- 4 colheres (sopa, rasas) de queijo parmesão ralado
- 10 gotas do Elixir de Sodalita.

1. Preaqueça o forno a 180 graus. Tire bem a água do espinafre, espremendo. Verifique o tempero e junte os demais ingredientes, com exceção do Elixir de Sodalita.
2. Misture tudo muito bem. Espalhe numa forma antiaderente pequena, comprimindo ligeiramente e leve para assar por cerca de 40 minutos. O meio do quiche vai ficar meio firme. Ao retirar do forno, adicione as gotas de Sodalita ou outra Fórmula de sua escolha. Dá para 3 a 4 pessoas.

Ratatouille
- 2 cebolas médias picadas em rodelas finas
- 1 dente de alho grande, amassado
- 2 berinjelas médias, descascadas e cortadas em cubos de 2 cm.
- 2 abobrinhas médias, cortadas em rodelas
- 5 tomates médios, cortados em quatro
- 1/2 xícara (chá) de salsa picada
- 2 colheres (chá) de sal
- pimenta a gosto
- 1/2 xícara de azeitonas picadas
- 15 gotas do Elixir de Cristais — F-2 — Emagrecimento

1. Doure a cebola e o alho e junte as berinjelas e as abobrinhas; coloque sal e pimenta a gosto. Tampe e deixe cozinhar em fogo baixo de tal forma que os legumes não fiquem moles demais. Deixe secar um pouco e junte os tomates. Cozinhe um pouco mais.
2. Junte a salsa, mexa e cozinhe por mais uns 5 minutos, até a mistura engrossar e atingir o ponto que você desejar. Junte as azeitonas e as gotas da F-2 — Emagrecimento.
3. Sirva quente ou gelada. Dá para 4 a 6 pessoas. Divida as porções proporcionalmente, para saber o quanto você deve comer numa refeição.

Salada de Atum Requintada
- 1 lata de atum de 200 g, sem óleo. Lave o peixe antes de usar. (Se preferir, use salmão)
- 2 talos ou mais, se desejar, de aipo em cubos
- 1 ovo cozido duro, picado

☆ A Cozinha dos Alquimistas

- 2 colheres (chá) de alcaparras pequenas
- 1 tira de pimentão verde, de 1 cm de largura, cortada em quadradinhos
- 1 colher (chá) de cebola ralada (opcional)
- 1 colher (sopa) de suco de limão
- 1 pitada de molho de pimenta (a gosto)
- Alface ou agrião
- Rabanetes
- Pepino em fatias
- 10 gotas de Elixir de Hidenita.

1. Coloque o atum num pirex e solte bem, com o garfo. Junte o aipo, o ovo duro, as alcaparras, o pimentão, a cebola, o suco de limão e o molho de pimenta, se desejar. Misture bem, mas não amasse.
2. Coloque as folhas de alface e agrião forrando a saladeira, sobre elas o atum temperado e enfeite com os rabanetes e o pepino. Coloque as gotas do Elixir de Hidenita por cima. Dá para 2 pessoas.

Sopa de Couve-flor
- 2 xícaras de couve-flor aferventada
- 1 xícara de iogurte desnatado
- 1 envelope de sopa de cebola simples, tipo consomê, sal e pimenta a gosto
- 1 xícara de água
- 2 fatias de limão
- 10 gotas de Elixir de Safira/Ouro

1. Bata tudo no liquidificador, exceto o Elixir de Safira/Ouro. Prove os temperos e leve ao fogo numa panela, mexendo sempre.
2. Sirva em duas tigelas para consomê, acrescentando 5 gotas de Safira/Ouro a cada uma delas e 1 rodela de limão, antes de servir. (Esta sopa pode ser feita com qualquer outro legume ou verdura, como agrião, escarola, espinafre, cenoura, etc.)

Tomate Recheado com Carne Moída
- 2 tomates grandes
- 1/2 xícara de carne moída refogada com os temperos usuais
- 1/2 xícara de queijo-minas picadinho
- sal e pimenta a gosto
- 10 gotas do Elixir de Turquesa

1. Corte uma tampinha da parte superior dos tomates. Tire as sementes.
2. Misture a carne refogada com o queijo-minas e a pimenta a gosto. Prove o sal e recheie os tomates. Por cima, salpique queijo-minas.
3. Leve ao forno para assar por cerca de 20 minutos, em forno preaquecido a 180 graus. Não deixe cozinhar demais. Ao retirar, ponha 5 gotas de Turquesa em cada tomate. Dá 2 porções.

Cardápio Normal

Arroz com Bacalhau e Brócolis
- 2 xícaras de arroz escolhido e lavado
- 1 maço de brócolis com flores e folhas
- 500 g de bacalhau já aferventado, limpo e desfiado
- 1 cubo de caldo de carne
- 2 cebolas grandes
- 1 concha (pequena) de azeite de oliva
- 6 dentes de alho amassados (ou a gosto)
- 1 pitada de pimenta-do-reino
- 1 folha de louro
- 16 azeitonas pretas ou verdes, sem caroço, cortadas em rodelas
- salsa, cebolinha
- sal
- Fórmula 5 — Afrodisíaco — 20 gotas

1. Desinfete o brócolis, deixando-o de molho numa bacia com água e vinagre, por 15 minutos. Enxague e escorra. Pique bem.
2. Pique uma das cebolas bem batidinha e a outra, em pedaços grandes. (corte em 4 e depois ao meio). Refogue as cebolas com o azeite. Junte o alho e o sal e frite mais um pouco.
3. Junte o brócolis e o bacalhau desfiado ao tempero, e refogue um pouco, ligeiramente.
4. Junte o arroz, a salsa, a cebolinha, a pimenta-do-reino e o louro. Misture bem e acrescente água quente, até cobrir o arroz. Prove o tempero para ver se está bom de sal.
5. Coloque 5 xícaras de água quente, o caldo de carne e as azeitonas e deixe cozinhar em fogo baixo, com a tampa ligeiramente deslocada, para não derramar. Se preciso, junte mais água. Quando o arroz amolecer, está pronto. Junte 20 gotas da Fórmula 5 — Afrodisíaco. Fica meio papa e esse é o jeito dele mesmo.

Toque do Alquimista

A composição da receita evoca coisas simples e fortes, leveza e sentimento de grupo. Um prato que pode ser único na refeição, une a família ou os amigos pela facilidade de preparo e estimula o compartilhar. Pense em que sintonia você deseja para seu grupo no momento da refeição e faça a sua escolha pessoal dos Elixires de Cristais, caso pense que a Fórmula 5 — Afrodisíaco não é a pedida da vez. Coloque os Elixires e pronto! Deixe a sua alquimia funcionar, unindo a todos nas mesmas boas vibrações!

☆ A Cozinha dos Alquimistas

Arroz com Berinjela e Carne Moída

- 3 xícaras de arroz escolhido e lavado
- 3 berinjelas médias cortadas em rodelas bem fininhas
- 200 g de queijo mussarela ou minas, fatiado fino
- 300 g de carne moída.
- azeitonas sem caroço cortadas em pedacinhos
- azeite, sal temperado, cebola batidinha, salsa, cebolinha.
- 1 cubo de caldo de carne dissolvido em água fervendo.
- Elixires de Cristais — Cornalina e Malaquita, 10 gotas de cada.

1. Esfregue sal temperado nas rodelas de berinjela e reserve.
2. Refogue a carne moída com os temperos — o sal temperado, a cebola, o alho, uma pitadinha de pimenta-do-reino, a salsa e a cebolinha bem picadinhas e as azeitonas. Deixe ficar sequinho, como se fosse para recheio de pastel, mas sem queimar.
3. No fundo da panela, despeje um pouco de azeite. Coloque um terço da carne moída refogada. Em seguida, um terço do arroz lavado (cru), uma camada de berinjelas bem arrumadinha, uma camada de queijo.
4. Vá alternando a arrumação em camadas nessa ordem.
5. Cubra com a água fervendo com caldo de carne, tampe e leve para cozinhar normalmente.
6. Quando o arroz estiver cozido, desligue e desenforme numa bandeja de inox redonda. Adicione as gotas dos Elixires de Cristais e sirva imediatamente.

Obs.: Caso queira deixar pronto para servir mais tarde, basta embrulhar a panela tampada em jornal, guardar no forno e desenformar na hora de servir.

Toque do Alquimista

Outro prato único de uma refeição, se assim se desejar, o Arroz com Berinjela possui uma força mais individual. O senso de identidade é importante e uma personalidade bem estruturada facilita a troca com o meio onde se vive. Como o equilíbrio está no meio-termo, nem tirano, nem submisso, veja no repertório dos cristais aqueles que trabalham melhor este aspecto, como a Cornalina, ou a Malaquita, por exemplo. Faça a sua escolha das essências de cristal e junte 10 gotas de cada ao desligar o fogo.

Berinjela à Balila

- Berinjelas pequenas, cortadas em tiras não muito finas, de 2 cm no máximo, deixando sempre cada pedaço com um lado da casca.
- Sal, alho espremido (pode ser sal temperado, acrescentando um pouco mais de alho)
- Cebola cortada em pedaços grandes.
- Vinagre de vinho, orégano
- Nozes (opcional)
- Elixir de Cristal — Madeira Petrificada 10 gotas

1. Esfregue o tempero nas berinjelas cortadas e deixe pegar gosto, por uns 15 minutos pelo menos.
2. Numa frigideira de ferro, coloque um pouco de óleo, esquente bem e vá fritando as berinjelas até ficarem escuras, mas sem queimar. Não é para cobrir de óleo.
3. Coloque as berinjelas fritas num pirex e despeje o restinho do óleo da fritura sobre elas.
4. Em seguida, frite um pouco de alho e jogue por cima. Frite ligeiramente a cebola cortada em pedaços grandes e jogue por cima.
5. Despeje um pouco de vinagre de vinho sobre as berinjelas. Adicione 10 gotas de Elixir de Madeira Petrificada e misture bem. Salpique orégano, cubra com papel plástico e leve à geladeira. Deixe curtir uns 2 dias, antes de servir.

Obs.: Se desejar, pode acrescentar pedaços de nozes picadas, fritando-as ligeiramente antes e misturando bem às berinjelas, antes de salpicar o orégano. Fica muito bom.

Toque do Alquimista

Prato de origem italiana, de preparo tradicional, é uma excelente entrada para ser servida com pequenas fatias de pão italiano. Esta receita foi fornecida pelos antigos proprietários do Restaurante Balila, no Braz, em São Paulo, e traz à mente imagens de coisas duradouras na vida, uma continuidade que apazigua a alma. Por essa razão escolhemos o Elixir de Madeira Petrificada para completar o prato.

Bolinho de Bacalhau

- 1 kg de batatas cozidas inteiras, com casca. Assim que cozer, retirar da panela para não juntar água e espremer.
- 2 xícaras (chá) de bacalhau moído
- 1 colher (sopa) bem cheia de cebolinha picada
- 1 colher (sopa) bem cheia de salsinha picadinha
- 2 colheres (sopa) de cebola batidinha
- 2 colheres (sopa) de margarina ou manteiga
- 1 colher (sopa) de queijo ralado
- 2 ovos
- sal a gosto
- 4 colheres (sopa, rasas) de farinha de trigo.
- Elixires de Cristais — Fórmula 10 — Amor, Auto-estima — 15 gotas.

1. Esprema a batata no espremedor e moa o bacalhau no processador.
2. Quando esfriar, junte a batata com o bacalhau e os demais ingredientes, misture muito bem e faça bolinhos pequenos.
3. Frite em óleo em temperatura média.

Toque do Alquimista

Esta receita pode ser feita até de improviso, se o bacalhau já estiver guardado no congelador. Uma boa pedida é, quando cozinhá-lo para outras receitas, separar a porção de bacalhau necessária para o bolinho e congelar. Quando a conversa já esticou noite adentro, e os amigos ficaram até mais tarde, é gostoso ir para a cozinha e preparar juntos esta receita rápida. Lembre-se de mostrar seu lado de alquimista, juntando à massa os Elixires de Cristais que você escolheu... e deixe os amigos adivinharem para que servem!

Bombinhas de Camarão

- 1/2 xícara de farinha de trigo
- 1/2 colher (chá) de sal
- 1/4 de xícara de manteiga ou margarina
- 1/2 xícara de água
- 2 ovos
- 1/4 de xícara de camarão cozido e picado

Recheio

- 1 xícara de camarão cozido e picado
- 8 azeitonas picadas
- 1/2 xícara de salsão picado
- 1 ovo duro cozido picado
- 1 a 2 colheres (sopa) de maionese
- 1/2 colher (chá) de molho inglês
- Elixires de Cristais, Fórmula 1 — Poder Pessoal, 15 gotas

1. Misture a farinha e o sal. Derreta a manteiga na água e deixe chegar ao ponto de fervura. Junte toda a farinha e o sal de uma vez, mexendo sem parar. Cozinhe até que a mistura desprenda dos lados da panela e forme uma bola compacta. Retire do fogo e deixe esfriar por 1 minuto.
2. Acrescente os ovos, um de cada vez, mexendo vigorosamente depois de cada um. Junte o camarão picado.
3. Unte uma assadeira e deixe a massa cair às colheradas (de chá) sobre ela. Asse em forno quente por mais ou menos 20 minutos. Desligue o forno e espere mais 10 minutos, para secar por dentro. Retire do forno.
4. Fure as bombinhas com uma faca afiada para que possa sair o vapor.
5. Misture os ingredientes do recheio e encha as bombinhas.

Toque do Alquimista

De massa muito leve, essa receita é simplesmente uma delícia para ser servida em festas e pequenas reuniões. O salsão junto com o camarão dá um toque especial ao sabor. Ela consta do livro As melhores receitas de Cláudia.

No dia-a-dia, às vezes perdemos a referência de coisas mais requintadas, que dão um sabor diferente à vida. Esta é uma receita que pode recuperar essa memória: o preparo de uma comida especial, oferecida com a intenção de transmitir amor às pessoas especiais para nós. Pense cuidadosamente na sua escolha dos Elixires de Cristais para esta receita (se preferir fazer outra escolha que não a sugerida) para agregar as energias que você tem intenção de transmitir aos que ama.

Camarão à Mary Stuart

- 12 camarões grandes e limpos
- sal e pimenta-do-reino
- 1/2 colher (sopa) de manteiga
- 1 cebola pequena picadinha
- 1 dose de whisky para flambar
- 1 xícara (chá) de creme de leite
- 1 colher (sopa) de mostarda
- Elixires de Cristais — Fórmula 1 — Poder Pessoal, 15 gotas

1. Tempere o camarão com sal e pimenta-do-reino (pouca pimenta).
2. Leve a frigideira ao fogo e derreta a manteiga, sem queimar. Coloque a cebola (não deve dourar, apenas murchar) e logo em seguida os camarões, que devem ser fritos apenas por 2 a 3 minutos de cada lado.
3. Tire a frigideira do fogo, espalhe o whisky sobre os camarões e flambe (risque um fósforo sobre o whisky).
4. Quando o fogo estiver quase se extinguindo, abafe a panela com uma tampa, para conservar um pouco do perfume da bebida, pois se queimar até o fim quase todo o aroma se esvai.
5. Volte a frigideira ao fogo, junte o creme de leite, a mostarda e deixe reduzir até quase a metade, por uns 5 minutos. Verifique o sal, adicione as gotinhas da Fórmula 1 — Poder Pessoal e sirva com arroz branco. Decore com uvas e caviar, se desejar.

Toque do Alquimista

Transporte-se no tempo. Mary Stuart realmente gostava de camarões preparados dessa maneira? De qualquer modo, a imaginação fica livre, ao se identificar com a personagem que dá nome ao prato, assim como sua criatividade. Junte à receita seu toque pessoal, sua magia, escolhendo entre os cristais aqueles cujas vibrações toquem mais seu coração no momento do preparo do prato, além da F-1 — Poder Pessoal — algo que, com certeza, tem a ver com a famosa rainha inglesa.

Camarão à Newbourg

- Camarões frescos, sem casca e limpos
- 1/4 de litro de creme de leite fresco
- 1 colher (chá) de páprica
- 1 cálice de conhaque
- sal, pimenta, limão, cebola picadinha, cebolinha picada.
- Elixires de Cristais — Ametista e Quartzo Cristal, 10 gotas de cada

1. Lave bem os camarões e tempere com sal e limão.
2. Doure a cebola com 1 colher de margarina. Junte o camarão, uma pitada de pimenta e frite um pouco.
3. Acrescente o conhaque, o creme de leite e deixe ferver por uns minutos e junte a páprica. Em seguida, desligue o fogo e junte as gotinhas de Ametista e Quartzo Cristal.
4. Salpique com a cebolinha e sirva com arroz branco.

Toque do Alquimista

Receita típica dos anos 70, ao fazer a opção por preparar este prato um toque de saudosismo vai estar presente, por certo. Ouça Saudosismo com Gal Costa, para completar o clima, enquanto coloca no prato, ao final, os Elixires de Cristais. Muito fácil de fazer, também é deliciosa.

Camarão à Provençal — Avalon

- 1 kg de camarão VG (verdadeiramente grande)
- 1 cabeça de alho batidinho (não é amassado)
- 1 ramo de tomilho fresco, de preferência, ou seco mesmo.
- 1 xícara (café) de salsa picada
- 1 cebola batidinha
- suco de 1/2 limão
- sal, pimenta branca, Fondor
- 4 xícaras (de café) de arroz cozido.
- Elixires de Cristais à sua escolha, nas fórmulas ou individuais.
- Ágata Azul Rendada — Elixir de Cristal — 12 gotas

1. Prepare o arroz bem solto e firme. Reserve.
2. Tempere os camarões já limpos com Fondor, sal, pimenta e o suco de limão. Escorra bem antes de fritar.
3. Aqueça uma panela com azeite e frite os camarões por 1 minuto. Acrescente a cebola e o alho. Junte um pouco do tomilho. Refogue por 3 minutos mais ou menos, ou até que os camarões estejam cozidos mas firmes.
4. Retire os camarões, ponha um pouco de azeite e mantenha-os aquecidos.
5. Acrescente mais um pouco de azeite, a salsa picada e o restante do tomilho.
6. Despeje o arroz nessa mistura, mexa bem com uma colher até que o arroz esteja bem molhado. Desligue o fogo e junte as gotinhas de Cristal Ágata Azul Rendada.
7. Coloque os camarões no prato, com um pouco de arroz enformado e enfeite com um galho de tomilho.
8. Para dar um caldinho sobre os camarões, coloque na frigideira azeite, alho, cebola e tomilho. Jogue por cima dos camarões e sirva.

Toque do Alquimista

Para viajar sem sair de casa, nada mais francês do que estes camarões feitos à moda da Provence, na França. Por certo, não a França que o estrangeiro vê, mas a autêntica, simples como os camponeses do sul do país. Esta receita é de um restaurante em Avalon, cujo maître foi suficientemente gentil para fornecê-la. Às vezes, como estrangeiros, nos detemos em certos aspectos, ou temos certas expectativas a respeito do país, com que os nativos na verdade não se preocupam. Este prato tem o alho como tempero básico — a função dos outros temperos é ressaltar seu odor e sabor. Assim, ele pode nos remeter à idéia de se fazer um retorno ao básico, tirar o supérfluo, fazer um enxugamento. As Ágatas dão esse toque de praticidade que todos precisamos ter, para que a vida flua melhor.

Camarão — Bobó de Camarão

- 1 kg de camarões médios sem casca e limpos
- 1 kg de mandioca
- 1 vidrinho pequeno de leite de coco (250 g)
- molho de tomate ou extrato (pode ser tipo Pomarola também)
- 2 cebolas médias picadinhas
- 2 colheres de azeite de oliva
- salsa, cebolinha picadinhas, coentro, sal.
- 1 xícara de leite (opcional)
- Elixires de Cristais — Fórmula 2 — Emagrecimento, 15 gotas

1. Cozinhe a mandioca e, enquanto estiver quente, passe-a na máquina de moer carne.
2. Refogue o camarão no azeite, sal, coentro, cebola e por fim junte a salsa e a cebolinha bem batidinhas.
3. Junte o molho de tomates, em seguida a mandioca moída e o leite de coco.
4. Cozinhe um pouco mais, experimente o sal. Se ficar muito grosso, adicione uma xícara de leite de vaca. Desligue o fogo e junte a F-2 — Emagrecimento, dos Elixires de Cristais Dharma. Sirva com arroz branco.

Toque do Alquimista

Prato típico da Bahia, traz à lembrança aquela viagem que fizemos ou que ainda pretendemos fazer à boa terra, lugar de gente alegre, descontraída e generosa. Sua digestão pode ser facilitada com o acréscimo das essências vibracionais antes de servir — dá prazer para a boca e para a alma! Melhor pensar na Fórmula 2, além de outras essências à sua escolha, para acrescentar ao prato antes de servir.

Camarão — Casquinha de Siri Falsa

- 1/2 kg de camarão limpo
- 1/2 kg de bacalhau
- 4 ovos
- 1 colher (sopa) de farinha de trigo
- 1 vidro pequeno de leite de coco (250 ml)
- 3 colheres (sopa) de vinagre de vinho
- 2 tomates picados, sem pele nem sementes
- 2 cebolas médias
- 2 colheres (sopa) de coentro picadinho
- 1/2 xícara (chá) de azeite de oliva
- pimenta-do-reino a gosto
- sal a gosto
- Rodelas de cebola e tomate para enfeitar
- Ágata Azul Rendada, Cornalina e Peridoto, Elixires de Cristais, 5 gotas de cada

1. Coloque o bacalhau de molho de véspera, trocando a água várias vezes para tirar o sal. Afervente-o, retire a pele e as espinhas.
2. Tempere os camarões com sal e coloque-os numa panela com tampa. Leve ao fogo baixo rapidamente, apenas para que eles cozinhem no próprio caldo, sem acrescentar água.
3. Passe pela máquina de moer o bacalhau, a metade dos camarões e as cebolas.
4. Acrescente os tomates, o coentro, o vinagre, o leite de coco, o azeite e a pimenta e misture bem. Tempere com sal e leve ao fogo, mexendo sempre até secar.
5. Bata as claras em neve, junte as gemas e a farinha e bata um pouco mais. Acrescente ao cozido a metade dos ovos batidos e o restante dos camarões. Deixe 4 camarões separados, para enfeitar o prato ao final.
6. Despeje numa forma refratária untada com margarina, cubra com o restante dos ovos batidos e enfeite com rodelas de tomate, cebola e os camarões, colocando no centro uma rodela de cebola não muito fina e em volta da cebola rodelas de tomate, formando uma flor, da qual a cebola seria o miolo. Faça um cabinho com os camarões, coloque as gotas de Jade e leve para assar em forno médio por 25 minutos. Sirva com arroz branco.

Toque do Alquimista

Para quem assume muitas máscaras na vida e acaba por acreditar nelas, para quem "viaja" demais na imaginação, querendo parecer o que não é, os Elixires de Cristais sugeridos ajudam a voltar à realidade e a pôr os pés no chão sem sofrimento. Como esta falsa casquinha de siri, que poderia muito bem ser simplesmente o maravilhoso camarão com bacalhau que é! Além de delicioso, enfeita a mesa. Você quer mais?

☆ A Cozinha dos Alquimistas

Camarão — Frigideira de Camarão
- 1 kg de camarões médios limpos
- 500 g de mandioquinha descascada
- 1 cubo de caldo de peixe
- 3 dentes de alho amassados
- suco de 1 limão
- 3 colheres (sopa) de azeite
- 1 cebola média picada
- 1/2 xícara (chá) de molho de tomate
- 1 lasca de canela
- 1/4 de xícara (chá) de leite de coco
- sal e pimenta-do-reino moída a gosto
- salsinha ou coentro picado a gosto

Cobertura
- 2 ovos separados, com as claras batidas em neve
- rodelas de tomate
- rodelas de cebola roxa
- azeite
- Aventurina e Azurita, Elixires de Cristais, 10 gotas de cada

1. Tempere os camarões com o alho, o suco de limão, o sal e a pimenta-do-reino. Deixe marinar por 30 minutos.
2. Coloque a mandioquinha em pedaços numa panela, cubra com água, tempere com sal e junte o cubo de caldo de peixe. Cozinhe até ficar macia, amasse ou processe para obter um creme.
3. Aqueça o azeite numa frigideira grande e doure a cebola só até ficar macia. Junte os camarões e mexa por mais 1 minuto.
4. Acrescente o molho de tomate, o creme de mandioquinha e deixe cozinhar um pouco.
5. Junte o leite de coco, a salsinha ou coentro e deixe cozinhar por 1 minuto. Prove os temperos e faça os ajustes a gosto.
6. Coloque esta mistura num refratário redondo de aproximadamente 21 cm de diâmetro. Para a cobertura, bata as claras em neve, misture as gemas, tempere com sal e espalhe sobre o creme de camarão.
7. Tempere as rodelas de tomate e a cebola com sal, pimenta-do-reino e azeite. Arranje-as em círculo e leve para assar em forno preaquecido a 190° até ficar dourado. Retire do forno, adicione as gotinhas de Aventurina e Azurita e sirva imediatamente.

Toque do Alquimista

Arrisque um novo sabor, com a segurança de que ficará excelente. Risco e segurança parecem coisas opostas? Não quando você corre riscos calculados, como as vibrações da Aventurina podem lhe permitir. A Azurita, por sua vez, vai ajudá-lo a despertar o líder interior que estava oculto ou pouco evidente em você, libertando-o de crenças limitadoras do seu potencial.

Carne — Alcatra ao Vinho

- 1 kg de miolo de alcatra
- 1 fatia de 1 cm de espessura de toicinho defumado
- 1 pedaço de salsão
- 1 cebola pequena
- 2 folhas de louro
- 2 cravos
- 1 dente de alho
- 1 raminho de alecrim
- 1 lasca de canela
- 1 pitada de tomilho fresco picado
- 2 colheres (sopa) de purê de tomates
- 1 garrafa de vinho Cabernet
- 2 litros de caldo de carne natural
 (faça um caldo temperado com 1/2 quilo de músculo)
- 1 cálice pequeno de conhaque
- óleo de milho, sal e pimenta-do-reino a gosto
- Jade — Elixir de Cristal — 10 gotas

1. Leve o toicinho ao freezer por algumas horas, para endurecer. Fure a carne e recheie com o toicinho.
2. Numa panela de barro, coloque a carne, adicione todos os outros ingredientes secos (menos o cravo e o louro), previamente moídos. Despeje o vinho, o cravo e o louro e deixe marinar de um dia para o outro.
3. No dia seguinte, retire a carne da marinada, passando a mão para tirar os ingredientes moídos de sua superfície. Reserve a marinada.
4. Leve ao fogo uma panela de pressão grande, coloque óleo de milho, doure bem a carne de todos os lados e retire.
5. Na mesma panela, despeje a marinada. Cozinhe bem, até o caldo ficar bem escuro (mas sem queimar).
6. Coloque a carne, acrescente o caldo de carne, o purê de tomates, tampe a pressão e deixe cozinhar em fogo baixo até que a carne amacie. Se precisar, acrescente mais caldo de carne ou água.
7. Tire a carne, passe o molho numa peneira fina, espremendo os ingredientes com uma colher ou, se preferir, bata no liquidificador.
8. Coloque o molho na panela de barro, adicione o conhaque e a carne e deixe ferver em fogo baixo por 1 hora. Desligue.

9. Retire a carne do molho, deixe esfriar, fatie e volte à panela. Deixe ferver. Junte as gotinhas do Elixir de Cristal Dharma e sirva quente.

Toque do Alquimista

Esta é uma receita para quem gosta de se envolver no preparo de uma refeição mais demorada, desde que saborosa. Apesar de tomar mais tempo, é simples de ser feita. Lembra outono, noites que começam a esfriar. Um prato de aconchego, para aqueles dias em que você não quer sair de casa e curte o tempo de cozinhar para as pessoas de que você gosta. Escolha o seu sonho e junte as essências vibracionais de Cristal — seus Elixires — antes de servir.

☆ A Cozinha dos Alquimistas

Carne — Carne Seca à Moda do Renatinho

- 1/2 kg de carne seca sem gordura
- 2 cebolas
- azeite de oliva virgem
- sal, se necessário
- orégano
- Quartzo Rosa — Elixir de Cristal — 12 gotas

1. Limpe e corte a carne seca, deixe-a de molho e troque a água até ela perder o excesso de sal.
2. Leve ao fogo em panela de pressão para que ela amoleça bem.
3. Desfie a carne seca, retirando alguma nervura que tenha ficado.
4. Corte as cebolas em rodelas finas.
5. Leve uma frigideira ao fogo, vá colocando azeite e fritando bem a carne seca desfiada.
6. Por fim, doure as cebolas em azeite, salpique orégano e despeje sobre a carne pronta para ser servida. Prove o sal, adicione as gotas de Quartzo Rosa e sirva com purê de abóbora hokaido (casca verde) e arroz branco.

Toque do Alquimista

Na minha lembrança, duas pessoas prepararam melhor este prato simples mas muito saboroso: meu pai e depois o Paulinho, dono de um restaurante informal, na Ilha de Itamaracá, Pernambuco. Para este prato bem brasileiro, faça sua "poção mágica" com os Elixires de Cristais, para colocar sobre ele antes de servir. Podemos trabalhar nossas emoções enquanto elaboramos a nossa refeição, enchendo de amor as panelas e a alma. Por outro lado, se você costuma receber estrangeiros, esta é uma boa pedida para introduzi-los ao paladar da nossa culinária, sem o peso da tradicional feijoada.

Carne — Lagarto Rápido da Vovó

- 1 peça de lagarto com mais ou menos 2 kg
- toicinho defumado picado bem miudinho
- 5 tomates sem pele, com sementes e cortados em rodelas
- 2 dentes de alho amassados
- 1 cebola grande batidinha
- sal temperado
- Ágata Botswana e Quartzo Cristal — Elixires de Cristais — 7 gotas de cada

1. Frite o toicinho defumado numa panela de pressão.
2. Lave o lagarto e passe água fervendo sobre ele, rapidamente. Doure todo ele no toicinho.
3. Retire da panela e fure o lagarto.
4. No óleo da panela, coloque os tomates, o alho, a cebola e o sal temperado.
5. Volte o lagarto nesse molhinho, complete com água quente até a metade da panela e leve ao fogo na panela de pressão por 30 minutos.
6. Retire a carne, fatie não muito fino e volte as fatias nesse molho, na pressão, por mais 15 minutos. Desligue e junte as gotinhas de Cristais.

Toque do Alquimista

Está com pressa? Este lagarto resolve bem a questão, com muito sabor. A receita é da D. Mariquinha Lara que, aos 99 anos, ainda tinha opinião firme e decidia o que desejava comer nas refeições. Sempre acreditei que o segredo da longevidade com qualidade de vida tem a ver com o que se come, definitivamente. Consulte a lista inicial das essências de cristal (como, aliás, pode fazer em qualquer receita) e faça sua escolha pessoal dos Elixires que lhe falam à alma para colocar no prato antes de servir. Nossa opção pela Ágata Botswana se deu em função do senso de praticidade que toda ágata desenvolve por meio de suas vibrações e o Quartzo Cristal, por sua atuação na regeneração das células. Bom apetite!

Carne em Conserva para Sanduíche da Vovó
- 1 1/2 kg de lagarto (não muito alto)
- 1 xícara (chá) de vinagre de vinho
- 1 colher (sopa) de sal

1. Coloque a carne numa panela e cubra com água, junte o vinagre e o sal. Cozinhe destampado até secar, virando sempre.
2. Quando estiver seca, retire da panela e embrulhe em papel-alumínio. Leve ao congelador até o dia seguinte ou por cerca de 4 horas, no freezer. Reserve a panela onde ele foi cozido para preparar o molho.
3. Retire a carne do congelador e corte em fatias bem finas (de preferência na máquina de cortar frios). Coloque em camadas num pirex, alternando com camadas de molho.
4. Por cima de tudo, coloque óleo para que ela fique bem conservada, porque devido ao seu tipo de preparo, esta carne pode ser consumida em cerca de 10 dias sem problemas. Pode também ser congelada.

Molho
- 6 cebolas
- 1 xícara de óleo
- pimenta vermelha seca
- sal e alho temperado
- 1 kg de tomates sem pele, cortados em fatias
- 1 colher (chá) de orégano
- 2 colheres (sopa) de alcaparras
- 10 azeitonas sem caroço cortadas miudinho
- 2 folhas de louro
- Lápis-lazúli e Olho-de-tigre — Elixires de Cristais, 7 gotas de cada, adicionadas depois do molho pronto.

Cozinhe tudo muito bem, exceto as alcaparras, que devem ser misturadas depois de desligar o fogo. Junte as gotinhas de Cristais e alterne o molho com as camadas de carne, no pirex.

Toque do Alquimista

Sanduíche para o fim da tarde, para a garotada ficar bem alimentada com simplicidade? Então aproveite esta receita de conserva de carne. Simbolicamente, penso que este é um sanduíche delicioso para todos — para os mais tradicionais e para as pessoas muito novidadeiras, que cada dia estão diferentes, que são muito consumistas e, assim, precisam de um contraponto com coisas que duram, que se conservam. Por ser cozida com vinagre, este é um prato que não precisa ser consumido rápido. Os Elixires de Olho-de-tigre e Lápis-lazúli combinam bem aqui.

Carne — Ossobuco ao Vinho

- 1 kg de ossobuco de vitela
- farinha de trigo
- 2 colheres (sopa) de óleo
- 1 colher (sopa) de manteiga ou margarina
- 3 dentes de alho amassados
- 1/2 xícara de vinho tinto
- 3 xícaras de água
- sal e pimenta-do-reino a gosto
- 15 gotas da Fórmula 7 — Limpeza Energética, Proteção

1. Tempere a carne com sal e pimenta-do-reino. Passe pela farinha de trigo. Coloque o óleo e a margarina na panela de pressão.
2. Quando a margarina derreter, junte a carne e frite por 3 minutos de cada lado. Com a ponta de uma faca, retire o tutano do meio do osso, para que ele derreta enquanto a carne frita. Vá colocando a carne frita numa vasilha.
3. Ao terminar de fritar, junte o alho e o vinho, colocando toda a carne na panela. Deixe evaporar.
4. Acrescente a água e feche a panela de pressão. Cozinhe por cerca de 30 minutos depois de levantar fervura. Tem que ficar bem macio. Antes de servir, junte as gotinhas dos cristais. Dá para 4 a 5 pessoas.

Toque do Alquimista

Ossobuco é o nome de um tipo de corte da carne bovina. Muito saboroso, este é um prato forte, muitas vezes do agrado de pessoas mais ligadas ao material, ao concreto. Assim, uma maneira de sutilizar a refeição e as energias de quem o consome, é utilizar Elixires que trabalhem a elevação do nível dessas energias. Veja fórmulas que contenham Ametista, Olho-de-tigre, Safira/Ouro, por exemplo — ou a Fórmula de Limpeza e Proteção, como sugerido.

Carne — Rosbife Rápido de Filé Mignon da Vovó Mariquinha

- 1 1/2 kg de filé mignon num pedaço, limpo
- 1 colher (sopa, rasa) de sal
- 150 g de manteiga sem sal — (meio pacote e mais um pouco). Não pode ser margarina
- Cornalina— Elixir de Cristal, 10 gotas

1. Sobre o filé já limpo, jogue rapidamente um pouco de água fervendo. Enxugue com a mão.
2. Misture a manteiga com o sal e esfregue essa pasta sobre todo o filé.
3. Coloque num pirex ou assadeira, cubra com pedacinhos de manteiga e leve a assar em forno bem quente, para que ele fique tostado por fora, mas vermelho por dentro.
4. Vá virando para que ele doure por igual, ao mesmo tempo que vai regando com o molho de manteiga da assadeira. Se necessário, ponha alguns pedacinhos mais de manteiga. Deve assar bem rápido. Se desejar variar o sabor, junte 1 colherinha (café) de alecrim fresco à manteiga antes de passá-la na carne. Ao retirar do forno, adicione as gotinhas do Elixir de Cornalina sobre o rosbife e sirva com o Risoto de funghi porccini ou arroz branco.

Toque do Alquimista

Receita de avó é assim: apesar de simples e rápida de fazer, é sempre uma delícia. Nada como a experiência... O Elixir de Cornalina vai ajudar você a aproveitar a experiência pessoal do seu aprendizado de vida, separando o que é importante daquilo que não o é, além de trazer um senso de identidade próprio, com muita segurança. Mas seu desejo pode ser o de melhorar outros aspectos da sua vida. Consulte, então, o repertório dos cristais, para fazer suas escolhas mais adequadas, e bom apetite!

Cuscuz de Natal dos Abreu Sampaio

- 500 g de farinha de milho
- 1 pires grande de farinha de mandioca
- 3/4 de xícara de azeite mais 1 xícara ao final
- 1/2 xícara de óleo
- 1 kg de tomates bem maduros, picadinhos com pele e sementes
- 1 kg de camarões médios, limpos — reserve as cabeças
- 500 g de camarões pequenos, limpos
- 1 copo de água da cabeça dos camarões
- 1 maço de cheiro-verde
- 2 folhas de louro
- um pouco de orégano
- 1 xícara de azeitonas verdes cortadas em rodelas
- 4 cebolas grandes raladas
- 4 dentes de alho socados
- 1 lata de palmito
- 8 ameixas-pretas sem caroço
- pimenta-dedo-de-moça a gosto
- sal a gosto
- 15 gotas da Fórmula 10 — Amor, Auto-estima

1. Limpe as cabeças dos camarões, retire os olhos coloque numa panela para ferver, formando um caldo. Soque bem na panela, para moer e obter o copo de caldo, coe e reserve.
2. Misture numa bacia a farinha de milho, a de mandioca e metade do maço de cheiro-verde picado miudinho e reserve.
3. Coloque numa panela grande 3/4 de xícara de azeite e 1/2 xícara de óleo e leve ao fogo para esquentar. Junte a cebola ralada e deixe murchar, sem dourar. Acrescente o alho, os tomates, a outra metade do cheiro-verde picado, metade das azeitonas cortadas em rodelas, o louro, o orégano e o sal. Se gostar, junte aqui um pouco da pimenta-dedo-de-moça.
4. Depois que o tomate se desmanchar, junte 1 copo da água da cabeça dos camarões.
5. Deixe ferver e coloque os camarões pequenos limpos e meia lata de palmito cortado em rodelas. Tampe e deixe cozinhar em fogo baixo.
6. Quando estiver cozido, coloque os camarões grandes e deixe dar uma boa fervura. Com o auxílio de uma escumadeira, retire os camarões grandes e reserve-os.

7. Junte ao molho que ficou aos poucos a farinha misturada com o cheiro-verde, sempre em fogo baixo. Vá mexendo bem para não encaroçar. Ao final, junte 1 xícara de azeite, para dar o ponto. Depois de desligar o fogo, junte as gotas da Fórmula Amor, Auto-estima e misture bem.
8. Arrume o cuscuz numa forma grande furada no meio. No fundo, coloque rodelas de palmito e camarões. Depois, coloque uma parte da massa, arrume uma fileira de camarões grandes, depois outra de cuscuz. Assim, ao cortar as fatias de cuscuz, todos terão um camarão grande no prato, na hora de servir.
9. Cubra com magipack e leve à geladeira. Desenforme no dia seguinte e enfeite com camarões, palmito e as 8 ameixas-pretas. Só comendo para saber o quanto é bom!

Toque do Alquimista

Os Abreu Sampaio são sempre generosos e unidos, e a Dona Célia recriou esta receita de cuscuz para a família e os amigos que estão por perto nas ocasiões festivas. É uma receita especial que desperta o elogio de todos. Todos nós temos necessidade de ser elogiados, valorizados pelo que fazemos. Isso melhora nossa auto-estima e dá confiança em nossas habilidades. Experimente você também, acrescentando as gotinhas mágicas dos cristais para transmutar as energias deste prato delicioso, que não precisa esperar o Natal para ser servido.

Farofa de Pão

- 1/2 kg de tomates cortados em cubos
- 2 cubos de caldo de galinha
- 5 pães não muito frescos, sem casca, ralados no ralador tipo conchinha. (comprar os pães de manhã e ralar à tarde).
- 3 cebolas bem batidinhas
- sal temperado
- 1 kg de farinha de mandioca bijou torrada.
- 1 maço de cheiro-verde bem batidinho
- orégano
- azeitonas sem caroço, cortadinhas
- 10 ovos cozidos picadinhos
- Elixires de Cristais — Fórmula 9 — Harmonia — 15 gotas

1. Coloque bastante óleo numa panela grande (até cobrir o fundo).
2. Frite as cebolas com o sal temperado e junte os tomates, a água e o caldo de galinha. Deixe ferver bem.
3. Adicione os pães e por último a farinha de mandioca com as gotinhas da F-9 — Harmonia.
4. Na hora de servir, adicione o cheiro-verde, o orégano, as azeitonas e os ovos. Dá para 20 pessoas.

Toque do Alquimista

Esta farofa lembra "clã" — um prato para o clã familiar. É um acompanhamento básico para qualquer ave assada ou carne com molho. Família traz à mente a idéia de união, mas a palavra clã é muito mais forte. Em um clã há hierarquia, posicionamentos, e questões como honra, justiça e lealdade ficam muito mais evidenciadas do que dentro de uma família. Uma receita para vinte pessoas já pressupõe uma união grupal mais consolidada... Pense nas Fórmulas, para ver qual seu coração sente que se encaixa melhor neste acompanhamento, para o grupo que vai apreciá-la.

Farofa Fria

- 4 xícaras de farinha de mandioca
- 6 xícaras de farinha de milho
- 1 xícara de óleo
- 1 kg de tomates sem sementes
- 1 lata de palmito
- azeitonas sem caroço
- 1 cebola
- 1 maço de cheiro-verde ligeiramente dourado em um pouco de azeite
- 6 ovos cozidos
- 1 lata de ervilhas
- sal, pimenta-do-reino, azeite de oliva.
- Elixires de Cristais — Fórmula 4 — Aprendizado, Memória, 15 gotas

1. Pique todos os ingredientes bem miudinho e acrescente as ervilhas da lata e as gotinhas da F-4 — Memória, Aprendizado.
2. Junte o sal e a pimenta-do-reino. Regue com azeite. Misture tudo muito bem e sirva.

Toque do Alquimista

Bom para as férias, quando tudo deve ser prático, ou para as épocas de racionamento de energia. O único fogo que ele requer para seu preparo é o fogo interior da boa vontade do cozinheiro em juntar os ingredientes e servir algo simples, envolto em boa dose de amor. Acrescente as essências de cristais de sua preferência neste momento.

Frango Assado com Laranja

- 1 frango cortado em pedaços
- 1 cebola batidinha
- 1 colher (sopa) de sal temperado
- 1 copo de caldo de laranja
- 1 colher de manteiga
- Jaspe Verde — Elixir de Cristal, 10 gotas (ou outra de sua escolha)

1. Passe rapidamente água fervendo no frango e escorra bem.
2. Frite os pedaços numa panela de pressão, sem água, com a cebola e o sal temperado. Tampe a panela e deixe cozinhar por 20 minutos. Vai juntar bastante água, naturalmente. Prove o sal — se preciso, salpique um pouco mais antes de levar ao forno.
3. Tire os pedaços da panela, coloque num pirex junto com o caldo, junte a manteiga em pedacinhos e leve ao forno para dourar. Enquanto doura, vá regando com o caldo de laranja. Ao terminar, junte as gotas do Elixir de Cristal Dharma e sirva.

Toque do Alquimista

Dê um toque especial a um prato trivial. Faça do seu preparo um renascimento para as coisas simples e gostosas na vida. Um sabor re-significado, ainda mais quando você dá seu toque pessoal, ao escolher os Elixires de Cristais com que vai finalizar a receita.

Frango com Manga do L'Arnaque

- 4 filés de frango (2 peitos)
- sal e pimenta-do-reino a gosto
- 1 colher (sopa, rasa) de açúcar
- 2 colheres (sopa) de vinagre de maçã
- 3 mangas Haden (2 para o molho e 1 para ser servida ao lado do frango)
- 1 xícara de caldo de galinha (ou caldo do próprio frango)
- suco de meio limão
- 1 colher (sopa) de manteiga
- Elixires de Cristais — Aventurina e Cornalina, 7 gotas de cada

1. Tempere os filés de frango com sal, pimenta-do-reino e grelhe. Se puder, use uma grelha de grade, para que os filés não fiquem em contato com a chapa. O interior dos filés deve ficar branco mas não seco.
2. Para preparar o molho de manga, coloque primeiro a colher de açúcar numa frigideira e deixe escurecer no ponto de caramelo.
3. Descasque as mangas, corte duas delas em pequenos cubos. A outra, divida em 4 pedaços de comprido e reserve.
4. Quando o açúcar estiver escuro, junte o vinagre, os cubos de manga, o caldo de frango e o suco de limão. Deixe apenas abrir fervura e tire do fogo.
5. Bata esse caldo no liquidificador e em seguida coe numa peneira fina. Volte ao fogo apenas para esquentar, verifique o sal e está pronto o molho. Acrescente as gotinhas de Elixires de Cristais de sua escolha (ou o sugerido) e misture bem.
6. Corte os filés em tiras de 1 cm de largura, divida em 4 pratos e ao lado, coloque as fatias de manga, uma em cada prato.
7. Tempere essas fatias de manga com pimenta-do-reino moída na hora, junte o molho quente sobre os filés de frango e sirva.

Toque do Alquimista

Esta é uma receita para quem já tem um paladar treinado para sabores mais requintados e para quem está querendo se sofisticar, sem muita extravagância. Ousar, aceitar o novo, estar aberto para provar o diferente... O Elixir de Aventurina aliado ao de Cornalina dão suporte para essas experiências novas que enriquecem a vida.

Medalhão de Frango com Uva Itália

- 4 peitos de frango
- bacon cortado em fatias bem fininhas
- 1/2 lata de creme de leite
- cerca de 20 uvas Itália sem pele e sem caroço, cortadas ao meio
- sal temperado, pimenta-do-reino
- 3 colheres (sopa) de óleo
- 1 colher (sopa) de conhaque
- 1 colher (sopa) de catchup
- 1 colher (sopa) de mostarda
- Calcita Amarelaranja e Berilo — Elixires de Cristais — 7 gotas de cada

1. Tempere os peitos de frango com sal temperado e um pouquinho de pimenta-do-reino. Enrole cada peito com 1 fatia de bacon. Amarre com barbante.
2. Frite ligeiramente numa frigideira, nas 3 colheres de óleo, só para dourar e enrijecer.
3. Retire o barbante e corte em pequenas rodelas finas, para o medalhão.
4. Junte os medalhões de volta na frigideira, frite ligeiramente de novo.
5. Junte o conhaque, o creme de leite, a mostarda e o catchup. Por último, desligue o fogo e acrescente as uvas e as gotinhas de Elixir de Calcita Amarelaranja e Berilo. Não deixe ferver, mas sirva bem quente.

Obs.: Você pode substituir a uva Itália por manga Haden cortada em cubinhos pequenos.

Toque do Alquimista

Criatividade. Capacidade de improvisar com o que se tem em casa e ficar bom. Isso traz um sentimento gostoso de auto-realização e consciência de si mesmo. Cozinhar é bem mais do que um ato mecânico de se alimentar. Que Elixires combinam? Qualquer um, dependendo do momento e de para quem o prato será servido. Mas você pode pensar em Aventurina, Calcedônia, além dos sugeridos.

CARDÁPIO NORMAL ☆

Macarrão — Rigattoni com Ricota e Hortelã

- 1 pacote de macarrão tipo rigattoni médio
- 500 g de ricota fresca
- 1 maço de hortelã fresca bem picada
- salsa e cebolinha bem picada
- 1 colher (sopa) da água em que foi cozido o macarrão
- sal
- 1 cebola bem picadinha
- molho de tomate com músculo (veja receita de "Molho de tomates")
- queijo parmesão ralado.
- Pedra-da-lua, Elixir de Cristal — 10 gotas

1. Cozinhe o macarrão em água fervendo com 1 colher de sal e 1 de óleo, sem deixar que amoleça muito.
2. Frite ligeiramente a cebola com um pouquinho de óleo. Prepare uma pasta com a ricota, a hortelã, a salsa e a cebolinha, 1 colher da água em que o macarrão foi cozido (para dar liga), a cebola frita e sal a gosto.
3. Recheie os rigattonis com essa pasta e arrume num pirex. Sobre o macarrão arrumado, despeje o restante da pasta de ricota que deve ter sobrado, polvilhe com queijo parmesão ralado e despeje por cima o molho de tomates com músculo.
4. Leve um pouco ao forno apenas para esquentar. Retire, adicione as gotinhas de Pedra-da-lua e sirva em seguida.

Toque do Alquimista

Em família italiana, o almoço de domingo pede macarrão. Esta receita é da região de Napoli, é deliciosa e tem um sabor diferente, emprestado pela hortelã e pela ricota. Todos nós sentimos necessidade de estar adaptados, de bem com as mudanças da vida, que pode ser alegre e bem vivida em toda parte. Para os estrangeiros — ou os que se sentem "estrangeiros" em sua família, em seu país ou neste planeta — os Elixires de Cristais podem ajudar a pessoa a se sentir em casa... Na hora do almoço, coloque Funiculi, Funicula como fundo musical para entrar no clima. Pedra da Lua, Amazonita, Crisocola, seriam alguns dos Elixires que eu consideraria para este prato. Aproveite para ler o repertório desses cristais novamente e deixe seu coração escolher por você. Respeite sua intuição.

Macarrão — Espaguete com Nozes e Uvas Passas

- 1 pacote de macarrão tipo espaguete médio
- sal
- óleo
- 1 cebola ralada
- 6 dentes de alho espremidos
- nozes sem casca e bem picadas
- uva passa sem semente
- Opala, Crisoprásio e Quartzo Cristal — Elixires de Cristais Dharma — 7 gotas de cada

1. Cozinhe o macarrão em água fervendo com 1 colher de sal cheia e 1 colher de óleo.
2. Escorra e passe água quente no macarrão, para tirar a gosma.
3. Numa panela, coloque bastante óleo (bem mais do que o usual), a cebola ralada e o alho, com um pouco de sal. Deixe fritar e coloque as nozes e as uvas passas. Deixe fritar um pouquinho apenas e despeje sobre o macarrão. Acrescente as gotinhas do Elixir de Opala, Crisoprásio e Quartzo Cristal.
4. Deve ser feito na hora de servir. Em vez de nozes, pode-se usar castanha de caju.

Toque do Alquimista

Outra receita tradicional italiana, que Dona Therezinha Biancardi faz nos Natais para a família. Preste atenção na quantidade de sal, para ficar no ponto. Para quando bate a saudade do estrangeiro, literalmente, ou quando a pessoa não consegue se sentir em casa nesta Terra, os Elixires de Cristais podem ser de grande ajuda para a alma.

Macarrão — Spaguetti Vacanze, da Fiorella

- 1 pacote de espaguete
- 6 tomates cortados em quadradinhos de 2 cm.
- 12 bolas de mussarela de búfala cortadas em quadradinhos de 2 cm
- 1/2 maço de manjericão (umas 120 folhas) fresco
- 10 colheres (sopa) de azeite de oliva
- 1 colher (sopa) de vinagre de vinho
- sal a gosto
- 15 gotas dos Elixires de Cristais — Fórmula 6 — Alto-astral

1. Cozinhe o macarrão com muita água e sal. Enquanto isso, prepare o molho frio.
2. Junte o tomate, a mussarela, misture numa saladeira e tempere com as folhas de manjericão, o azeite, o vinagre e o sal, formando uma espécie de molho.
3. Escorra a massa cozida num escorredor colocado sobre uma panela, para que o vapor da água continue esquentando o macarrão.
4. No próprio escorredor, misture o "molho" frio ao espaguete. O calor da massa e o vapor da água vão esquentar ligeiramente a mussarela. Coloque as gotas da F-6 — Alto-astral e sirva imediatamente. (4 pessoas)

Toque do Alquimista

De preparo super-rápido, dá para ir conversando com os amigos na cozinha e fazer o macarrão no fim de noite — ou na praia, na casa de campo, nas férias... Calor humano, compartilhar, amizades, o prazer do encontro. Pode pensar em Safira, Sodalita, nas fórmulas que falem de harmonia nos grupos ou a F-6 — Alto-astral, como sugerido.

☆ A Cozinha dos Alquimistas

Macarrão — Talharim com Frango Defumado

- 1 frango defumado Sadia
- 80 g de cogumelos secos deixados de molho em um pouco de água morna por 1 hora
- 4 colheres (sopa) de shoyo
- 1 cebola batidinha
- 2 colheres (sopa) de manteiga
- 2 caixinhas de creme de leite ($\pm$ 2 xícaras)
- 700 g de talharim
- pimenta-do-reino preta
- Elixires de Cristais — Fórmula 9 — Harmonia, 14 gotas

1. Ferva bastante água numa panela grande de boca larga e jogue o frango inteiro nela. Deixe ferver por 3 minutos, escorra a água, tire a pele do frango e desosse. Corte o frango em pedaços pequenos. Reserve. (Se conseguir tirar a pele do frango sem passar pela água fervendo, é melhor.)
2. Retire os cogumelos da água, reservando a água para o molho.
3. Frite a cebola na manteiga até amolecer. Junte os cogumelos escorridos, a carne do frango cortada em pedaços pequenos e refogue por 3 minutos.
4. Acrescente a água dos cogumelos, o shoyo e a pimenta. (Se quiser fazer esse molho para congelar, interrompa neste ponto). Se estiver fazendo o molho apenas para consumo na hora, acrescente então creme de leite e, se preciso, um pouco de sal e pimenta. Misture bem até o molho ficar consistente. Junte as gotinhas mágicas da F-9 — Harmonia.
5. Cozinhe o talharim em água e sal, escorra bem e misture ao molho. Sirva bem quente.

Toque do Alquimista

Macarrão sempre é gostoso, mas este é especial. Se você deixar o molho semipronto congelado, vai facilitar bastante na hora em que você precisar improvisar um jantar caprichado de última hora. Junte 14 gotas da fórmula de Elixires da sua escolha ou especificamente da Fórmula 9 — Harmonia, para completar o prato, dependendo do clima na hora de servir e de quem vai se deliciar com ele. Invoque os espíritos da natureza para abençoar sua refeição, que as energias se elevam e se incorporam aos alimentos.

Mango Chutney para Carnes

- 3 mangas Haden (maduras ou verdes — cor e sabor mudam em função desse detalhe)
- 1 copo de vinagre de maçã
- gengibre ralado
- pimenta-do-reino
- 3 colheres (sopa) de açúcar
- Âmbar e Opala — Elixires de Cristais — 7 gotas de cada

1. Pique as mangas em pedaços pequenos e leve para cozinhar com pouca água, até virar uma papa. Coloque o açúcar e deixe ferver para engrossar.
2. Desligue o fogo e acrescente o vinagre.
3. No dia seguinte, coloque os temperos e ferva novamente. Depois de frio, junte as gotinhas de Elixir de Cristal Âmbar e Opala e coloque o chutney em vidros esterilizados com água fervendo. Guarde na geladeira. Sirva com carnes.

Toque do Alquimista

Um ótimo acompanhamento para acentuar o sabor das carnes, adquire uma energia especial concentrada, pela adição dos Elixires de Cristais. A essência de Âmbar transmuta as energias ambientais em correntes positivas e a de Opala traz boa sorte. Ambas aliviam o stress emocional e eram usadas em antigos rituais de encantamento, na busca de beleza. Podemos aliar a beleza interior à estética: já que estamos falando em conservar, outra opção para esta receita é juntar 12 gotinhas da F-2 — Rejuvenescimento ao seu preparo!

Molho de Tomates Especial

- 4 colheres de óleo
- 200 g de toicinho defumado
- 1 xícara de vinagre de vinho
- 2 kg de tomates batidos no liquidificador com um pouco de sal
- 1 kg de músculo em cubos
- 2 cebolas
- 1 lata pequena de massa de tomate
- 5 cravos-da-índia
- manjericão
- Elixires de Cristais, Fórmula 5 — Afrodisíaco — 15 gotas

1. Frite o músculo e o toicinho no óleo, numa panela de pressão. Acrescente a cebola e deixe fritar bem. Junte o vinagre e frite até evaporar.
2. Acrescente 1 xícara de água e novamente deixe fritar até evaporar. Torne a colocar 1 xícara de água e frite até evaporar.
3. Coloque a massa de tomate e frite até escurecer.
4. Junte o tomate batido e cozinhe um pouco. Acrescente 2 copos de água, tampe a pressão e cozinhe até o músculo ficar macio.
5. Coloque os cravos, o manjericão e deixe ferver por mais ou menos meia hora, para apurar o sabor, acrescentando água ao molho se necessário. Ao final, junte as gotinhas mágicas dos Elixires de Cristais, F-5 — Afrodisíaco. Se o molho for preparado de véspera, seu sabor fica melhor ainda.

Toque do Alquimista

Este molho leva um tempo para ser preparado, mas vale a pena, porque seu sabor é inconfundível. Para tornar a "sua" receita de molho ainda mais pessoal, escolha os Elixires de Cristais e junte-os ao prato após desligar o fogo. A sugestão é a F-5 — Afrodisíaco, mas seu momento pode ser outro — então, faça sua escolha. Este molho pode ser congelado, aguardando o momento especial de ser servido, que seu sabor fica ainda mais apurado.

CARDÁPIO NORMAL ☆

Panquecas — Massa Salgada
- 1/2 litro de leite
- 3 ovos
- 4 colheres (sopa) de farinha de trigo
- sal a gosto
- Turmalina Negra, Elixir de Cristal — 10 gotas

1. Coloque todos os ingredientes no liquidificador e bata em velocidade moderada.
2. Frite em frigideira untada, despejando 2 colheres (sopa) de massa para cada panqueca. Não deixe as panquecas ficarem escuras, mas sim douradas.
3. Recheie a gosto. Dá mais ou menos 15 panquecas médias ou 24 pequenas.

Recheio de carne moída
- Refogue 250 g de carne moída com sal temperado, 1 cebola batidinha, azeitonas picadas.
- Junte salsa e cebolinha bem batidinhas e 1 ovo cozido picado em pedacinhos.
- Adicione 14 gotas da Fórmula 8 — Prosperidade, dos Elixires de Cristais.

Toque do Alquimista

Diz a tradição que a primeira panqueca a gente perde, pois não consegue virar na frigideira. Como esta massa é muito leve, ela não foge à regra. Mas acredite: não há necessidade de adicionar mais farinha à receita. Junte apenas as gotinhas de Cristais. Além de você ficar famosa pela leveza das suas panquecas, elas agregam um componente que as diferencia de todas as outras: a alquimia que você cria com a energia que transmuta para o prato, com elementos da natureza. Há uma tradição popular que diz que "quem come panqueca dia 2 de fevereiro tem dinheiro o ano inteiro". Mas a panqueca pode ser servida o ano todo!

Panqueca de Banana

- 3 ovos
- 6 colheres (sopa) de leite
- 1 colher (chá) de farinha de trigo
- 1 pitada de sal
- bananas para o recheio
- açúcar
- canela para polvilhar
- Calcedônia, Elixir de Cristal, 10 gotas

1. Bata os ovos até que fiquem leves. Adicione o leite, a farinha de trigo e o sal. Bata tudo muito bem.
2. Coloque 1 colher de margarina na frigideira, derreta e espalhe. Despeje 2 colheres de massa de cada vez, para fazer as panquecas. Não deixe as panquecas muito grossas nem muito escuras, apenas douradas.
3. Para o recheio, corte as bananas em rodelas e cozinhe ligeiramente com açúcar, sem apurar. Junte as gotinhas do Elixir Calcedônia e recheie as panquecas.
4. Polvilhe canela sobre as panquecas prontas. Se preferir, recheie com geléia de morango ou damasco.

Toque do Alquimista

Panqueca de banana lembra infância. Então, você pode aproveitar e adicionar 10 gotas do Elixir de Calcedônia às bananas preparadas, antes de rechear as panquecas para as crianças — mesmo que seja apenas para sua criança interior. Serve muito bem na sobremesa ou no lanche.

Peixe Escabeche

- 1 kg de cação ou pintado, em postas não muito grossas (± 1,5 cm)
- 2 copos de azeite (ou 1 de azeite e 1 de óleo)
- 6 cebolas grandes, cortadas em rodelas finas
- 12 dentes de alho
- 12 pimentas-do-reino em grão
- 6 pimentas frescas (opcional)
- 2 folhas de louro
- 1 colher (de sopa, cheia) de massa de tomate, dissolvida em 1 copo de água
- sal e vinagre de vinho a gosto.
- farinha de trigo para empanar
- Elixires de Cristais, Fórmula 3 — Rejuvenescimento, 15 gotas

1. Tempere bem as postas de peixe, com sal temperado, limão e pimenta-do-reino.
2. Coloque na panela o azeite e a cebola e frite até a cebola ficar dourada.
3. Coloque os outros ingredientes, menos o peixe e o vinagre e frite mais um pouco.
4. Quando o peixe já tiver pegado o gosto dos temperos, passe as postas em farinha de trigo, para empanar.
5. Frite o peixe e deixar esfriar. Adicione as gotinhas da F-3 — Rejuvenescimento ao vinagre no molho e prove o sal.
6. Depois de tudo frio, arrume em camadas, sendo a última de molho, para ficar como conserva. Leve à geladeira. Deve ficar mergulhado em óleo, para preservar, porque dessa forma dura mais de 15 dias. É divino!

Toque do Alquimista

Este prato é excelente para ser servido no lanche ou como aperitivo antes da refeição. Sirva com pãozinho francês para acentuar ainda mais seu sabor delicioso. Com os Elixires de Cristais, você cria em torno dos alimentos um campo energético que modifica a qualidade deles. Onde havia apenas uma conserva gostosa, você estabelece um ponto de transcendência nutricional, alimentando também a alma. Use e abuse.

☆ A Cozinha dos Alquimistas

Peixe — Linguado ao Molho de Limão e Espinafre

- 1 filé de linguado de 200 g por pessoa
- 1 maço de espinafre — separar 3 folhas frescas por pessoa, para enfeitar
- sal
- fondor
- pimenta branca
- noz-moscada
- 1 copo de leite
- 100 g de requeijão
- 1 colher (sopa, cheia) de farinha de trigo
- salsa picadinha
- 2 dentes de alho socados
- queijo parmesão ralado
- suco de 3 limões grandes
- 1 pacote de manteiga
- Elixires de Cristais, Fórmula 1 — Poder Pessoal, 10 gotas

1. Tempere os filés de peixe com sal, pimenta e Fondor.
2. Ferva as folhas de espinafre em pouca água, escorra, esprema e bata com uma faca. Refogue rapidamente em 1 colher de manteiga e o alho socado. Tempere com sal, pimenta e noz-moscada. Reserve.
3. Prepare um molho branco com 1 colher (sopa) de manteiga, a farinha de trigo e o leite, da seguinte forma: doure a farinha na manteiga, junte o leite e por fim acrescente o requeijão. Tempere com sal e noz-moscada. Adicione as gotas da F-1 — Poder Pessoal e misture bem.
4. Distribua o espinafre em conchas de vieira e cubra com o molho branco. Salpique com queijo parmesão.
5. Distribua o espinafre em conchas de vieira e cubra com o molho branco. Salpique com o queijo parmesão e leve ao forno preaquecido a 200 graus para gratinar.
6. Frite rapidamente os filés de linguado com um pouco de manteiga. Reserve.
7. Derreta o restante da manteiga e junte o suco de limão. Por fim, adicione a salsinha picada, o elixir de cristal, misture rapidamente e despeje sobre o linguado.
8. Sirva em seguida, com as conchas de espinafre e molho branco.

Toque do Alquimista

Este é um prato de preparo muito rápido. Por ser leve, é bom para o fim de noite também. Finalize colocando no molho branco pronto os Elixires de sua escolha, ou F-1 — Poder Pessoal. Vale a pena conferir.

Pernil à Georges Markopoulos

- 1 pernil de porco, cortado em bistecas com cerca de 3 cm de altura
- sal
- pimenta-do-reino
- orégano
- noz-moscada
- 1 copo de vinho branco
- 1 limão
- batatas descascadas e cortadas de comprido, em fatias grossas
- Turmalina Negra, Elixir de Cristal, 14 gotas

1. Lave as bistecas de pernil. Cada uma delas deverá ter o osso no meio, para sua orientação quanto ao corte.
2. Faça uma mistura de sal, pimenta-do-reino, noz-moscada (rale na hora) e orégano. Depois de bem misturado, esfregue nos dois lados de cada fatia do pernil, para que o sabor fique por igual.
3. Unte um pirex ou assadeira com azeite e coloque as bistecas lado a lado. Esprema o limão generosamente sobre a carne.
4. Despeje um pouco de vinho branco sobre o pernil, cubra com papel-alumínio e leve a assar em forno médio/baixo. Deve levar cerca de 3 horas e meia para ficar pronto, às vezes um pouco mais, dependendo do forno. Menos do que esse tempo, não. Enquanto ela assa, vá regando com um pouco do vinho. Se não tiver vinho, regue com água mesmo.
5. Retire o papel-alumínio e deixe mais um pouco no forno, para dourar bem, até ficar com uma cor bonita, formando uma crosta dourado/avermelhada na parte de cima. Vire e deixe dourar do outro lado.
6. Nesse momento, passe sal com orégano sobre as batatas e coloque-as no pirex, para assar no molho que se formou na assadeira. Quando dourar do outro lado e as batatas estiverem macias, retire do forno, pingue as gotinhas do Elixir sobre as bistecas e sirva com arroz branco e salada verde. A carne fica deliciosa, sem o gosto mais forte que usualmente o porco tem.

Toque do Alquimista

Muitas pessoas não apreciam a carne de porco por seu gosto acentuado. Com este tipo de preparo, o sabor da carne fica leve e, se você não tem restrições religiosas, pode apreciá-la bem mais desta maneira. Você sutiliza as energias da carne de porco com as gotas de Turmalina Negra adicionadas ao final.

Pimentão Colorido Curtido

- pimentões verdes, vermelhos e amarelos
- sal temperado
- 1/2 xícara (chá) de vinagre de vinho
- orégano
- alho espremido
- cebola cortada em pedaços grandes
- Jaspe Verde, Elixir de Cristal — 10 gotas.

1. Asse os pimentões no forno elétrico e retire a pele e as sementes.
2. Corte em pedaços grandes e esfregue sal temperado neles.
3. Frite ligeiramente os pedaços numa frigideira de ferro com pouquinho óleo, uma cor de pimentão de cada vez. Vá colocando-os numa travessa pequena de louça branca, arrumando em listras coloridas.
4. Na própria frigideira frite o alho espremido e a cebola, sem deixar queimar, juntando o vinagre. Desligue e adicione as gotinhas de Jaspe Verde.
5. Despeje esse molho sobre os pimentões, misture bem e polvilhe orégano por cima. Deixe curtir por uns 3 dias, antes de servir, que fica mais gostoso.

Toque do Alquimista

Os pimentões ficam leves com esta receita, porque a pele é retirada. Embora eu não gostasse de pimentões, criei esta receita e aprendi a apreciá-los desde então. Ao adicionar o Elixir de Cristal, você estabelece uma conexão mais profunda com a natureza, emprestando ao prato intenções particulares, a partir de sua escolha vibracional. Isso pode fazer toda a diferença.

Purê de Abóbora Hokaido (Casca Verde)

- 1/2 abóbora hokaido média
- 2 cebolas médias batidinhas
- 1 colher (sopa, cheia) de manteiga
- sal temperado
- leite
- Ametista, Elixir de Cristal — 15 gotas

1. Descasque e pique a abóbora em pedaços pequenos.
2. Refogue a cebola na manteiga. Junte o sal temperado.
3. Junte a abóbora picada e tampe a panela, para ela cozinhar no vapor. Se preciso, junte um pouquinho de água, só o suficiente para não queimar.
4. Quando estiver mole, amasse com um garfo e junte um pouco de leite. Misture bem e leve ao fogo por mais um ou dois minutos. Verifique o sal e adicione as gotinhas de Ametista, Elixir de Cristal.

Toque do Alquimista

Uma delícia de acompanhamento para qualquer prato, mas principalmente para aqueles à base de carne seca. Veja a receita de "Carne Seca do Renatinho". As gotinhas de Ametista sutilizam as vibrações mais básicas dessa receita forte. Por outro lado, se você é dos que precisam de uma "âncora" para se centrar mais, pense em colocar o Elixir de Basalto ou o de Marfim, que com certeza eles ajudarão muito.

☆ A Cozinha dos Alquimistas

Quiche de Alho-poró

Massa
- 3/4 de xícara de farinha de trigo
- 3/4 de xícara de farinha de trigo integral
- 1/2 xícara de manteiga gelada picada
- 1/3 de xícara de água
- 1 colher (café) de sal
- Elixires de Cristais — Fórmula 10 — Amor, Auto-estima, 14 gotas

1. Peneire os dois tipos de farinha com o sal, junte a manteiga e misture com as pontas dos dedos, até obter uma farofa.
2. Adicione a água e amasse um pouco. Forme uma bola, embrulhe em filme plástico e deixe na geladeira por 15 minutos.
3. Abra a massa com um rolo sobre uma forma de fundo removível (tamanho médio) ou um refratário. Ajeite as laterais e apare as bordas, para ficar bem acabado. Com o auxílio de um garfo, fure o fundo da massa em vários lugares.
4. Cubra com papel-alumínio e asse por cerca de 20 minutos em forno médio. Retire o papel-alumínio e leve ao forno novamente, até a massa dourar. Retire do forno para rechear, mas mantenha-o aceso.
5. Depois de rechear a massa, leve de novo ao forno por cerca de 25 minutos ou até o recheio ficar firme. Desenforme (se tiver feito em forma de fundo removível), coloque as gotinhas de Elixir de Amor e de Auto-estima e sirva. Dá 8 fatias.

Recheio
- 1/2 xícara de leite
- 1/2 xícara de queijo parmesão ralado
- 1 colher (sopa) de manteiga
- 1/2 colher (chá) de sal
- 3 ovos inteiros
- 2 alhos-porós picados em rodelas finas
- 2 dentes de alho

1. Amasse os dentes de alho e refogue-os em fogo baixo com a manteiga, numa panela. Reserve algumas rodelas do alho-poró para enfeitar, acrescente o restante ao refogado e mexa. Transfira para uma tigela e deixe esfriar.

2. Bata ligeiramente os ovos, junte o leite, o sal e o queijo ralado e despeje na tigela em que está o alho-poró. Misture tudo e despeje o recheio sobre a massa assada. Enfeite por cima com as rodelas de alho-poró reservadas e leve ao forno novamente, conforme as instruções acima.

Toque do Alquimista

A receita é da Líli, que dá um toque especial em toda comida que prepara. Todos nós gostamos de nos sentir especiais e temos prazer em ter habilidades diferenciadas, porque isso agrega um valor positivo à nossa identidade. No entanto, o ser humano é mais complexo: não basta que os outros reconheçam as suas qualidades — é preciso que a própria pessoa goste de si mesma e se valorize. A primeira tarefa da evolução espiritual é praticar a lei do amor e isto começa com o amar a si mesmo. Dedique alguns momentos do seu dia à meditação, que pode ser algo simples como fechar os olhos e pensar apenas em coisas boas, positivas. Tome 4 gotas da F-10 — Amor, Auto-estima e coloque-a regularmente também na sua alimentação, como neste quiche leve e delicioso. Faça uma comunhão com as coisas simples e boas da vida.

☆ A Cozinha dos Alquimistas

Quiche Lorraine

Massa
- 1 1/2 xícara de farinha de trigo
- 1/2 xícara de manteiga gelada, picada
- 3 colheres (sopa) de água
- 1 colher (chá) de sal
- 1 ovo

1. Junte a farinha, o sal e a manteiga e misture com as pontas dos dedos, fazendo uma farofa.
2. Acrescente o ovo, a água gelada e misture bem. Forme uma bola com a massa, envolvendo-a em filme plástico. Deixe na geladeira por 30 minutos.
3. Aqueça o forno em temperatura média. Abra a massa sobre uma forma de fundo removível ou num refratário, com cerca de 25 cm de diâmetro. Ajeite as bordas, com o auxílio de um garfo, para ficar com um acabamento bonito.
4. Fure a massa em diversos pontos, usando um garfo. Cubra a massa com papel-alumínio e leve para assar por cerca de 15 minutos ou até ficar firme. Retire o papel-alumínio e leve ao forno por mais 5 minutos. Retire do forno e reserve.
5. Cubra a massa assada com o recheio e leve ao forno até o recheio ficar firme. Desenforme se tiver feito em forma de fundo removível e sirva quente.

Recheio
- 1/4 de xícara de creme de leite fresco
- 1 colher (sopa) de manteiga
- 1 colher (chá) de sal
- 1/2 colher (chá) de noz-moscada
- 1/4 colher (chá) de pimenta-do-reino
- 200 g de bacon
- 4 ovos
- 10 gotas de Elixir de Turquesa

1. Derreta a manteiga em fogo alto. Pique o bacon e frite-o até dourar. Deixe escorrer sobre papel-toalha.
2. Numa tigela, misture todos os demais ingredientes e reserve.
3. Esfarele o bacon e espalhe no fundo da forma com a massa já assada. Cubra com a mistura dos outros ingredientes e leve ao forno.

Toque do Alquimista

Uma das variedades de quiche mais conhecidas e apreciadas por seu sabor, esta espécie de tortinha adquire um algo a mais quando você fez do seu preparo um ritual, agradecendo aos elementais as qualidades que eles podem acrescentar ao prato, por meio do Elixir de Turquesa, ou outro de sua escolha. Enquanto o prepara, mentalize o que você deseja agregar em vibrações ao alimento.

☆ A Cozinha dos Alquimistas

Risoto al Funghi Porcini

- 1 lata de creme de leite
- 1 cálice de vinho branco seco
- 1/2 tablete de manteiga
- queijo parmesão ralado
- 1 pacote de funghi porcini
- caldo de carne natural, sem a carne (faça um caldo com 1/2 quilo de músculo, bem temperado)
- arroz
- Elixires de Cristais, Fórmula 5 — Afrodisíaco, 15 gotas.

1. Deixe o funghi amolecer em água tépida por cerca de meia hora. Pique-o na própria água.
2. Prepare o arroz *al dente*, com os temperos normais, sem deixar secar a água.
3. Derreta a manteiga e adicione o funghi. Com o arroz no fogo, vá juntando a manteiga com o funghi no caldo em que ele ficou de molho, o caldo de carne e o vinho branco, mexendo sempre, por alguns minutos.
4. Acrescente o queijo parmesão e, por último, o creme de leite.
5. Chegue ao ponto adicionando queijo, mexendo sempre. À medida que for juntando os ingredientes, vá experimentando, para testar o sabor. Por fim, desligue o fogo e adicione as 15 gotinhas da F-5 — Afrodisíaco. Mexa bem e sirva com fatias do "Rosbife Rápido de Filé Mignon".

Toque do Alquimista

Esta receita é uma delícia! Deixe o caldo de músculo pronto e congelado, porque é um prato que pode ser feito rapidamente. Ela tem um sabor delicado e combina bem com as fatias do Rosbife de Filé Mignon, outra receita gostosa, rápida e simples de fazer. Ponha amor nas suas mãos, porque elas vão preparar o alimento. As vibrações que você estará oferecendo à sua família ou aos amigos serão percebidas sutilmente, na forma de harmonização energética.

Salada de Carne
- 1 kg de miolo de alcatra cortado em pedaços de mais ou menos 2 dedos de largura.
- alho, sal, pimenta-do-reino e vinagre de vinho

Molho
- cebola bem batidinha, salsa, cebolinha (inclusive com o talo), tudo cortado bem fininho.
- 1 tomate meio verde, picado bem batidinho, com pele e semente.
- orégano, pimenta-do-reino, vinagre de vinho, azeite e sal, se precisar.
- Âmbar, Topázio e Turmalina Negra — 8 gotas de cada Elixir de Cristal

1. Tempere a carne de véspera, com o alho, o sal, a pimenta-do-reino e o vinagre.
2. No dia seguinte, retire a carne do tempero, coloque óleo numa panela grossa (pode ser de pressão), o suficiente para forrar o fundo da panela e deixe esquentar.
3. Ponha um pedaço de carne por vez para fritar nesse óleo e NÃO MEXA, para não juntar água. Dourar de um lado e do outro, em fogo forte.
4. Depois de tudo frito, coloque toda a carne para esfriar na própria panela.
6. Cortar a carne em tirinhas finas e passar pelo caldo da panela, para pegar bem o gosto.
7. Misture nessa carne a cebola e frite rapidamente, só o suficiente para amolecer a cebola
8. Desligue o fogo e junte os outros ingredientes do molho (salsa, cebolinha, orégano, tomate, pimenta-do-reino, vinagre de vinho, azeite e sal), inclusive os Elixires de Cristais. Não precisa cozinhar de novo. Coloque num pirex e leve à geladeira.

Toque do Alquimista
Deliciosa para ser comida com pão francês fresquinho no lanche ou como aperitivo antes do almoço também. Como esta é uma conserva, se houver algum aspecto que você queira melhorar particularmente em casa, faça a sua poção mágica com os Elixires de Cristais que possam ajudá-la a harmonizar as questões e coloque na salada de carne. A família vai comer este prato por alguns dias seguidos e estará se imbuindo das vibrações dos cristais que você escolher.

Salada de Escarola com Queijo Gorgonzola

- 1 pé de escarola lavado, com as folhas secas, inteiras
- 1 fatia de queijo gorgonzola
- azeite
- 1/2 limão
- 1 pitada de sal
- 1 dente de alho espremido
- 10 gotas de Elixir de Cristal de Sodalita

1. Misture bem o queijo com os outros ingredientes, amassando bem com um garfo.
2. Passe essa pasta dos dois lados das folhas secas, arrumando-as na saladeira.
3. Leve à geladeira e retire meia hora antes de servir.

Toque do Alquimista

É fácil de fazer e uma delícia de comer — já vem temperada para a mesa. Junte o Elixir de Cristal à pasta de queijo, antes de esfregá-la na salada. Leia o repertório deles, para entender melhor o seu alcance! A Sodalita cria um excelente ponto de apoio para melhorar sua auto-estima, entre outras propriedades que possui.

Salada de Escarola Quente — Compagnia Marinara

- 1 pé de escarola lavado e seco
- azeite
- 3 dentes de alho esmagados
- 1 cebola batidinha
- funghi porcini
- bacon em pedacinhos
- Peridoto e Quartzo Rosa, Elixires de Cristais — 7 gotas de cada.

1. Amoleça o funghi num pouco de água quente por 20 minutos.
2. Frite o bacon no azeite. Junte o alho, deixe dourar. Junte a cebola, doure ligeiramente.
3. Refogue a escarola junto com o funghi nesse tempero. Junte as gotinhas de Cristais Peridoto e Quartzo Rosa e sirva imediatamente

Toque do Alquimista

Esta é uma receita do Restaurante Compagnia Marinara em São Paulo. Foi seu proprietário quem a forneceu depois de um jantar maravilhoso, como de costume. Nossa contribuição está nas 10 gotas de Elixir de Peridoto e Quartzo Rosa, antes de servir, para o jantar transcorrer num clima ainda mais gostoso. O Peridoto nos ajuda a enxergar enganos, e o Quartzo Rosa dá uma sensação boa de acolhimento, para conseguirmos lidar com o que a vida traz.

Sopa-creme de Batatas com Funghi Porcini

- 8 batatas médias
- 1 copo de vinho branco
- cebola bem picada
- manteiga
- funghi porcini reidratado, picado, com o caldo
- 1 lata de creme de leite
- pimenta-do-reino, noz-moscada e sal a gosto
- salsinha bem picadinha
- Calcedônia, Calcita Amarelaranja e Cianita, Elixires de Cristais, 5 gotas de cada

1. Deixe o funghi porcini de molho num pouco de água morna, para formar um caldo. Quando amolecer, pique o funghi nesse caldo e reserve.
2. Cozinhe bem as batatinhas. Retire e passe no espremedor.
3. Em outra panela, doure a cebolinha com um pouco de manteiga, junte o funghi porcini com o caldo.
4. Junte as batatas espremidas, o vinho, o creme de leite, a pimenta-do-reino, o sal e a noz-moscada. Coloque 750 ml de água fervendo, misture bem e deixe cozinhar rapidamente para apurar o sabor. Adicione as gotinhas de Cristais e mexa.
5. Sirva quente, salpicando salsinha bem picada por cima. Uma delícia!

Toque do Alquimista

Uma sopa delicada na aparência e no sabor, tem ainda um toque requintado. Sirva também como entrada quente, que vai ser um sucesso. Esta pode ser a "receita da mamãe" de sopa de batatinha, quando você adiciona os Elixires de Cristais antes de servir. Se as crianças tiverem prova na escola no dia seguinte, junte a Fórmula de Aprendizagem, Memória, que também é excelente para o vovô e a vovó.

Sopa de Pedras

- 4 cebolas grandes cortadas em fatias finas.
- 40 g de manteiga
- sal a gosto
- 75 g de queijo gruyère ralado
- fatias de pão francês
- 7 pedrinhas roladas dos seguintes cristais: ametista, água-marinha, quartzo citrino, quartzo cristal, topázio imperial, quartzo rosa e turmalina negra.
- Elixires de Cristais, Fórmula 8 da Prosperidade, 10 gotas

1. Doure as cebolas na manteiga, mas não deixe escurecer.
2. Adicione um litro de água fervendo e um pouco de sal. Junte os cristais rolados e deixe ferver por alguns minutos.
3. Desligue, junte as gotinhas da Fórmula da Prosperidade.
4. Cubra as fatias de pão com o queijo gruyère ralado e leve ao forno bem quente, para gratinar.
5. Despeje a sopa com os cristais numa sopeira bonita. Retire as fatias de pão do forno, coloque-as sobre a sopa e sirva imediatamente.
6. Ao servir, verifique que cada um receba algumas pedras no prato ou cumbuquinha de consomê. Ao terminar, recolha os cristais, lave-os, coloque ao sol por algumas horas e eles estarão prontos para serem usados novamente. Se quiser fazer um agrado aos seus convidados, deixe que cada um fique com a pedra que lhe coube.

Toque do Alquimista

A Sopa de Pedras é uma "receita definitiva" — ela leva sete cristais que trabalham o alinhamento dos chacras, para que suas energias sejam transmitidas para a água, reequilibrando o corpo físico. Além disso, a Fórmula da Prosperidade traz vibrações que vão fazer a conexão da abundância cósmica com aqueles que se utilizam dela, para que qualquer sentimento de falta seja superado. A cebola em rodelas evoca a memória de moedas, símbolo universal de prosperidade. "Dourar a cebola"... deixá-la da cor do ouro. O pão por sua vez é símbolo da subsistência garantida. Alimento básico da humanidade, em diversas formas, ele remete a imagens simples e fortes. Uma sopa que aquece o corpo e a alma por suas qualidades agregadas, que transcendem os elementos de que ela é feita.

Você pode também, ao final do jantar, ler para cada pessoa os aspectos que o cristal que "caiu" em seu prato trabalha, como uma pista de quais energias ela precisa movimentar mais!

Sanduíche — Croque Monsieur

- 2 xícaras (chá, rasas) de queijo gruyère ou mussarela ralados no ralo grosso
- 2 colheres (sopa) de creme de leite
- 1 colher (sopa) de mostarda Dijon
- 1 colher (sopa) de kirsch (ou outro destilado, tipo rum)
- 8 fatias de pão de forma sem casca, ou brioche
- 8 fatias de presunto cozido, magro (ou peito de frango cozido e desfiado)
- 50 g de manteiga em temperatura ambiente (1/4 de pacote)
- sal a gosto
- pimenta-do-reino a gosto
- Hidenita, Elixir de Cristal — 8 gotas

1. Torre as fatias de pão. Numa tigela, misture o queijo, o creme de leite, a mostarda e o kirsch. Espalhe essa mistura por cima de 4 fatias. Reserve metade dessa pasta para colocar ao final sobre o sanduíche.
2. Coloque por cima o presunto. Unte as outras fatias de pão com manteiga e cubra o sanduíche com elas.
3. Salpique por cima o restante da mistura de queijo. Coloque os sanduíches numa assadeira e leve ao forno forte para gratinar rápido. Ao retirar, junte as gotinhas de Hidenita sobre o pão.
4. Sirva com salada verde de folhas, temperada com mostarda Dijon, sal, pimenta-do-reino, vinagre de vinho e azeite. Dá para 4 pessoas.

Toque do Alquimista

Esta receita do famoso sanduíche é do cozinheiro francês Olivier Anquier e fica realmente uma delícia. Este tipo de prato leve, ótimo para um dia quente de verão, foi inventado em 1910, no Café de La Paix, em Paris. De lá para cá, já correu o mundo. Sem perder suas características, pode ser preparado com presunto ou peito de frango. Mas para ganhar um componente diferente, que o torna especial entre os outros sanduíches, adicione o Elixir de Hidenita. Para um sanduíche "masculino", vibrações masculinas!

Tomates Recheados com Alcaparras

- tomates maduros e firmes
- farinha de rosca
- alho moído
- cebola bem picada
- sal, cheiro-verde, azeite
- azeitona picadinha, sem caroço
- alcaparras amassadas ligeiramente
- Crisoprásio, Elixir de Cristal, 15 gotas

1. Corte os tomates ao meio e retire as sementes. Deixe de molho numa bacia com água.
2. Faça uma pasta com a farinha de rosca e azeite, de forma que fique meio úmida.
3. Doure a cebola e o alho em azeite, juntando o sal e o cheiro-verde. Junte à pasta de farinha de rosca. Acrescente as alcaparras e as gotinhas de Crisoprásio.
4. Recheie os tomates com essa pasta, enfeitando com pedacinhos de azeitona.
5. Arrume os tomates numa forma refratária, cubra com papel-alumínio e leve ao forno por 15 minutos. Retire o papel-alumínio e deixe dourar por mais 5 minutos. Sirva com arroz branco e, se quiser, com carne moída refogada como para pastel.

Toque do Alquimista

Para incrementar uma refeição leve, pense nesta receita. Você pode aproveitar o pão duro e fazer sua farinha de rosca na hora. Às vezes, você tem um pouco de cada coisa em casa — sozinhas, elas não fazem uma boa refeição. Mas preparadas em conjunto, nem parece algo improvisado. Os Elixires de Crisoprásio dão o equilíbrio entre um bom aproveitamento das sobras, sem exageros. Leia o repertório e você vai entender.

A Cozinha dos Alquimistas

Torta de Frango para a Família

Massa
- 2 colheres (sopa, bem cheias) de margarina
- 2 colheres (sopa, cheias) de óleo
- 1/2 xícara (chá) de leite
- 1 colher (café) de sal
- 1 colher (sopa) de fermento em pó
- 1 ovo inteiro + 1 clara
- farinha de trigo

1. Coloque todos os ingredientes numa bacia e vá juntando farinha de trigo até dar o ponto de soltar a massa da mão. Fica macia.
2. Abra com o rolo, bem fina. Unte um pirex com margarina, forre o fundo do pirex e os lados com a metade da massa e deixe a outra metade para cobrir a torta.
3. Coloque o recheio, cubra com a outra metade da massa e enfeite com tirinhas finas cruzadas, em cima.
4. Dissolva uma gema com um pouquinho de leite e sal e pincele por cima. Asse em forno médio baixo.

Recheio
- 3 coxas, 3 sobrecoxas, 1 peito de frango, moela, coração
- 2 tomates grandes, picados
- 1 cebola média picada
- 2 colheres (sopa, cheias) de salsinha picada
- 2 colheres (sopa, cheias) de cebolinha picada
- 3 colheres (sopa) de óleo ou caldo onde o frango foi cozido
- 1 folha de louro
- 3 colheres (bem cheias) de azeitonas picadas, sem caroço
- palmito
- ervilha
- 3 batatinhas cozidas e picadas bem miudinho, sem desmanchar
- Esmeralda/Ouro, Granada e Cornalina, Elixires de Cristais — 8 gotas de cada

1. Tempere o frango com sal temperado, um pouco de pimenta-do-reino e o louro. Refogue, junte os tomates, a cebola, a salsa, e a cebolinha, cubra com água e deixe cozinhar até soltar dos ossos. Desosse e desfie, não muito miúdo.

2. Engrosse o caldo no qual o frango foi cozido com 2 gemas dissolvidas em um pouco de água, adicionando uma colher ou duas (sopa) de farinha de trigo. Mexa até ficar um creme mais consistente.
3. Junte o palmito, as ervilhas, as azeitonas e o frango desfiado ao caldo onde o frango foi cozido, já engrossado. Adicione as gotinhas mágicas de Elixires de Cristais e misture tudo muito bem. Recheie a torta.

Toque do Alquimista

Como esta é uma receita grande, para famílias ou grupos maiores, sugiro que coloque 8 gotas do Elixir de Esmeralda, 8 do de Granada e 8 de Cornalina, misturando bem antes de rechear a massa. Vai trazer vibrações de amor, harmonia familiar ou grupal, ao mesmo tempo em que cada um pode ser autêntico no seu modo de ser. Quando estiver cozinhando, vá colocando boas vibrações para aqueles que são queridos e vão apreciar sua comida. A torta já é de dar água na boca e, com todas as energias positivas agregadas, vai ficar ainda melhor.

Torta Fria de Panquecas

- 24 panquecas finas
- 200 g de presunto fatiado fino
- 200 g de queijo prato fatiado fino
- 250 g de maionese
- 1 pé de alface, de preferência americana
- 1 abacaxi em rodelas finas
- Amazonita, Crisocola, Jade e Pedra-da-lua — Elixires de Cristais, 7 gotas de cada

1. Prepare as panquecas (vide receita de massa de panqueca), deixe esfriar e monte num prato raso de Cristal da seguinte maneira:
- 4 panquecas/camada fina de maionese/fatias de presunto/Elixir de Amazonita
- 4 panquecas/camada fina de maionese/fatias de queijo prato/Elixir de Crisocola
- 4 panquecas/camada fina de maionese/fatias finas de abacaxi/Elixir de Jade
- 4 panquecas/camada fina de maionese/fatias de presunto/Elixir de Pedra-da-lua
- repetir a seqüência acima
2. Cubra tudo com maionese. Corte em tiras o restante do presunto e do queijo prato.
3. Pique fino a alface. Enfeite o prato com rodelas de abacaxi, guarnecendo ao redor com a alface picada, presunto e queijo prato. Sirva gelado.

Toque do Alquimista

Esta é uma receita bem diferente, que vai surpreender seus convidados ou sua família. O segredo está em fatiar bem fininho os frios e fazer panquecas leves. Use a receita da "Massa de Panquecas". Eu gosto de adicionar as essências dos cristais Amazonita, Crisocola, Jade e Pedra-da-lua, porque sinto esta receita muito delicada, feminina. No entanto, faça a sua própria alquimia e veja os resultados!

Pão de Batata

- 1/2 kg de batatas cozidas (mais ou menos 15 batatas médias), muito bem espremidas no espremedor, sem deixar pedaços
- 4 ovos
- 1/2 concha de gordura vegetal
- 1/2 concha de margarina
- 1 kg de farinha de trigo
- 2 xícaras de açúcar
- 1 colher (chá) de sal
- 1 copo de leite morno
- 1 tablete de fermento
- Crisocola, Elixir de Cristal — 15 gotas

1. Dissolva o fermento no leite morno com o açúcar. Junte um pouco de farinha e deixe a massa crescer por cerca de 2 horas. (Coloque uma bolinha da massa num copo de água fria. Quando a bolinha subir, é porque a massa já cresceu o suficiente.)
2. Depois de crescido, junte a batata, a farinha e os outros ingredientes. Sove bem a massa e faça os pãezinhos.
3. Dissolva 1 gema em um pouco de café, junte as essências de cristal de sua preferência e pincele os pãezinhos com essa mistura. Leve para assar.

Toque do Alquimista

Este pão fica superleve e é ótimo para lanches. Se você já tem na geladeira a "Carne em Fatias da Vovó", lembre-se de servir com ele no lanche da tarde. O pão agrega um outro significado, quando você alia suas intenções à escolha das vibrações com que vai presentear sua família, na forma do Elixir de Cristal.

Pão de Mandioquinha

- 2 tabletes de fermento
- 3 ovos + 1 clara
- 1 colher (sobremesa) de sal
- 1 xícara (chá) de óleo
- 1 xícara (chá) de leite morno
- 1 xícara (chá) de açúcar
- 1/2 kg de mandioquinha cozida em água
- 1 kg de farinha de trigo (aproximadamente)
- 1 gema para pincelar os pães
- Elixires de Cristais, Fórmula 4 — Aprendizagem, Memória — 20 gotas

1. Bata todos os ingredientes no liquidificador, menos a farinha. Deixe crescer um pouco.
2. Despeje numa bacia, junte a farinha, sove bem, faça os pães e coloque em assadeira untada com óleo.
3. Pincele gema com as gotinhas de F-4 sobre os pães e deixe crescer em forno aquecido desligado. Depois de crescido, assar.

Toque do Alquimista

Receita da Beth Capanema, de Belo Horizonte, à qual você pode acrescentar essências boas para as crianças se concentrarem mais nos estudos, para os idosos melhorarem a memória... Alie o útil ao agradável, porque é pela constância que modificamos nossos padrões energéticos de forma mais permanente. Se você resolver presentear alguém com este pão, copie e recorte um dos cartões ao final do livro, escrevendo sua mensagem pessoal. É uma forma muito querida de se fazer presente.

Pão de Queijo da Beth

- 4 copos de polvilho doce Maria Inez
- 4 copos de queijo ralado
- 4 ovos
- 3/4 de copo de óleo (tamanho requeijão)
- 1/2 litro de leite
- sal
- Ametista e Quartzo Rosa, Elixires de Cristais — 7 gotas de cada

1. Ferva o leite com o óleo e o sal e escalde o polvilho, batendo com uma colher de pau para misturar. Quando estiver um pouco mais frio, pode misturar com as mãos.
2. Junte os ovos e por último o queijo. Depois adicione as gotinhas de Elixir de Cristais e faça bolinhas pequenas. Pode congelar e guardar.

Obs.: Se um dos copos de queijo ralado for queijo parmesão ou provolone, fica mais gostoso. Pode juntar orégano também, se quiser.

Toque do Alquimista

Para esta receita de pão de queijo, sugiro Elixires de Quartzo Rosa e Ametista, pelas vibrações de amor e amizade que eles evocam. Esta também é uma receita da Beth Capanema, de Belo Horizonte — mais mineira, impossível.

Pão Português

- 1 tablete de fermento
- 2 colheres (sopa) de açúcar
- 1/2 litro de leite morno
- 1 kg de farinha de trigo (aproximadamente)
- 1 ovo (3 ovos é melhor)
- 1/2 xícara de óleo
- sal
- Safira/Ouro, Sodalita e Jaspe Verde, Elixires de Cristais — 7 gotas de cada

1. Junte o fermento, o açúcar e 3 xícaras de farinha de trigo ao leite morno. Deixe crescer por cerca de 30 minutos.
2. Depois de crescido, acrescente os ovos, o óleo e o sal. Adicione as gotinhas de Cristais e vá juntando o restante da farinha, até dar o ponto de enrolar como rocambole.
3. Abra a massa em pequenas porções, para fazer os pãezinhos, recheando com queijo e um pouco de orégano. Enrolar como rocambole. Coloque em assadeira untada com óleo e polvilhada com farinha de trigo e deixe crescer em local abafado. Asse em forno médio.

Toque do Alquimista

Quando faço este pão, gosto de acrescentar os Elixires de Safira-Ouro, Sodalita e Jaspe Verde. No entanto, se você estiver trabalhando um tema específico na família como, por exemplo, boa vontade, ou melhora no humor, aproveite toda oportunidade para reforçar os aspectos que você considera importantes de serem renovados. Use os mesmos Elixires de Cristais em diversas receitas, para consolidar a mudança de postura na família como um todo.

Pão — Rosca de Reis

- 1 lata de leite condensado
- 1 lata de água morna
- 2 tabletes de fermento
- 4 ovos
- 3 gemas
- 1 colher (chá) de sal
- 8 xícaras (chá) de farinha de trigo
- 1 colher (sopa) de café
- 2 colheres (sopa) de manteiga derretida
- açúcar cristal, nozes, uva passa
- Olho-de-gato, Elixir de Cristal — 20 gotas

1. Bata no liqüidificador o leite condensado, a água morna, o fermento, os ovos e o sal.
2. Despeje numa vasilha e acrescente a farinha, as nozes, a uva passa e as gotinhas de Olho-de-gato. Misture bem, sove e depois divida a massa em duas partes.
3. Prepare com cada uma das metades uma rosca trançada. Coloque numa assadeira untada com margarina e prepare a cobertura:
4. Misture as 3 gemas, o café e a manteiga derretida. Pincele as roscas com essa mistura, polvilhe com açúcar cristal e deixe crescer por 2 horas no mínimo, antes de levar ao forno. Dá 2 roscas bem grandes.

Toque do Alquimista

Mais uma receita tradicional italiana, daquelas que passam de geração à geração. Pense em fórmulas que contenham Ametista, Quartzo Rosa, Madeira Petrificada, Jade, por exemplo. Com as receitas tradicionais, podemos trabalhar aspectos da ancestralidade, coisas que podem ser melhoradas para a família, comportamentos que precisam ser modificados, valores que se deseja que sejam agregados... E você, o que você quer valorizar com esta receita? Junte o Elixir de Cristal e coloque a fórmula nas gemas, antes de deixar os pães crescer. É uma rosca natalina maravilhosa! Embrulhe em papel celofane, faça um laço de fita vermelha e verde nas pontas e este é um excelente presente para essa época de festas. Se fizer pensando em presentear alguém, junte às suas vibrações de amor Elixires que falem desse seu sentimento.

Para registrar seus votos, use o cartão ao final do livro.

★ A Cozinha dos Alquimistas

Pão Salgado Econômico

- 2 ovos
- 1 tablete de fermento
- 2 copos de água morna (tamanho requeijão)
- 1/2 copo de óleo
- 2 colheres (sopa, rasas) de açúcar
- 1 colher (sopa) de sal
- 2 batatas cozidas
  (depois de cozidas, retirar da água para não ficarem encharcadas)
- 1 kg de farinha de trigo
- Olho-de-gato e Olho-de-tigre, Elixires de Cristais — 5 gotas de cada

1. Junte o fermento e o açúcar à água morna e deixe crescer.
2. Depois de crescido, junte todos os ingredientes no liqüidificador, exceto a farinha. Bata um pouco.
3. Despeje numa bacia, junte a farinha peneirada e sove bem.
4. Unte com óleo e passe farinha em 2 formas para pão. Divida a massa, cubra as formas com um pano de prato e deixe crescer. Se preferir, pode fazer pãezinhos em vez de pão de forma.
5. Se desejar, acrescentar sementes de kümmel ou erva-doce nos pães. Fica uma delícia.

Toque do Alquimista

Um pão básico e barato, que pode ser muito valorizado se você acrescentar Elixires de Olho-de-gato e Olho-de-tigre, para aumentar a boa sorte e prosperidade de quem o comer. Economia não é sinônimo de avareza ou pouca qualidade, mas apenas de bom senso, quando a ocasião pede menos gastos.

Pão Salgado

- 1/2 kg de farinha de trigo
- 2 ovos
- 1 colher (sopa, rasa) de açúcar
- 1 colher (sopa) de margarina
- 1 copo de leite morno
- 1 tablete de fermento (15 g)
- 1 colher (chá) de sal
- Basalto, Cianita, Marfim, Peridoto — Elixires de Cristais, 5 gotas de cada

1. Junte o fermento e o açúcar ao leite morno e deixe crescer.
2. Após crescer, despeje no liqüidificador, junte os demais ingredientes, exceto a farinha, e bata.
3. Depois de bem batido, junte a farinha de trigo, amasse bem e faça os pães. Deixe crescer e asse em forno quente.

Toque do Alquimista

Para pessoas que precisam estar mais com os pés no chão, para aqueles que precisam de suporte para lidar com o dia-a-dia, acrescente Elixires de Basalto, Peridoto, Cianita e Marfim à massa do pão. Mas se as questões mais importantes para a família forem de outra ordem, leia o repertório dos Elixires de Cristais e suas fórmulas, para preparar sua poção e alquimia pessoais. Você é o mago nesta história e pode unir o útil ao agradável.

☆ A Cozinha dos Alquimistas

Biscoito de Farinha de Milho

- 1 kg de polvilho azedo
- 300 g de banha
- 1 colher (sopa, rasa) de fermento em pó
- 1 copo de farinha de milho molhada no leite
- 1 prato fundo de queijo ralado
- ovos até o ponto de enrolar (6 ou 7, mais ou menos).
- Aventurina e Crisoprásio, Elixires de Cristais, 8 gotas de cada

1. Junte todos os ingredientes, amasse bem e faça rolinhos fechando-os em círculo, tipo rosquinhas.
2. Coloque em assadeira untada e leve para assar. Guarde em lata bem vedada.

Toque do Alquimista

Muito simples, esta receita também é típica de Minas. Estes biscoitos me lembram tardes com amigas em casa, bordados em ponto cruz, conversa mineira. Todos nós temos um lado doméstico, que podemos valorizar sem prejuízo de qualquer outra atividade que exerçamos. Aproveite seus momentos de tranqüilidade familiar, tomando café com biscoitos caseiros, aos quais você acrescentou as gotinhas com suas propriedades mágicas...

Biscoitinhos de Amêndoas — "Speculaas"

- 300 g de farinha de trigo (2 1/2 xícaras)
- 100 g de manteiga sem sal (1/2 pacote)
- 36 amêndoas descascadas
- 1 colher (chá) de cravo-da-índia em pó
- 1 colher (chá, rasa) de canela em pó
- 1 pitada de noz-moscada
- raspa da casca de 2 limões ou 2 colheres (sopa, cheias) de casca de limão cristalizada
- 4 colheres (sopa) de leite
- 200 g de açúcar mascavo (1 xícara cheia)
- 2 colheres (sopa) de mel para pincelar sobre os biscoitos
- açúcar cristal para polvilhar
- Madeira Petrificada, Marfim — Elixires de Cristais, 10 gotas de cada

1. Corte as amêndoas em pedaços mais ou menos grandes.
2. Corte as cascas de limão em tirinhas fininhas ou rale a casca de 2 limões, como preferir.
3. Peneire a farinha, o cravo-da-índia, a canela em pó e a noz-moscada e misture bem.
4. Dissolva o açúcar no leite e junte à farinha, acrescentando a manteiga, as amêndoas e o limão.
5. Amasse bem e abra aos poucos na mão, cortando os biscoitinhos com formas para biscoito no formato desejado ou faça bolinhas e achate-as com um garfo.
6. Unte a assadeira com manteiga e passe farinha, antes de colocar os biscoitinhos.
7. Asse em forno quente por cerca de 15 minutos, observando para que não queime embaixo.
8. Junte os Elixires de Cristais com o mel e pincele os biscoitinhos assim que saírem do forno. Passe sobre o açúcar cristal.

Toque do Alquimista

Receita da Holanda Setentrional, século XVII. As medidas foram adaptadas, para facilitar. Em 1600, os biscoitos eram modelados numa forma especial para "speculaas", feita numa prancha de madeira, com motivos diversos entalhados nela.

Para uma receita que resiste há séculos, de forma atualizada, podemos pensar em essências que evoquem um nível mais profundo e anterior de conhecimento de si mesmo, do que significa estar no mundo neste momento específico. O que precisamos aprender, o que podemos aproveitar do registro de nossos conhecimentos eternos, do que precisamos nos livrar em termos de nosso Karma, transformando-o em Dharma, aquilo que nos faz evoluir sem sofrimento.

Biscoitos Amanteigados

- 600 g de farinha de trigo
- 400 g de manteiga
- 200 g de açúcar
- 2 colheres (chá) de fermento em pó
- Cianita, Elixir de Cristal, 20 gotas
- açúcar com baunilha para passar nos biscoitos

1. Misture a farinha, a manteiga, o açúcar, o fermento e o Elixir de Cianita e faça bolinhas pequenas. Coloque em assadeira untada com margarina e asse em forno médio.
2. Depois de assadas, passe no açúcar com baunilha (misture açúcar refinado com 1 colher de sobremesa de essência de baunilha e misture bem, para perfumar o açúcar).

Toque do Alquimista

A Cianita é um cristal muito bonito, que tem entre suas qualidades a capacidade de limpar a aura, livrando-a de parasitas energéticos. Suas vibrações também acalmam, melhoram o sono e a concentração. No entanto, ela é especial para quem se utiliza dela no sentido de fazer um alinhamento entre o que a pessoa sonha, o que ela vive e suas necessidades prioritárias naquele momento específico. Assim, ela dá um centramento importante, que pode ter como ponto de apoio as bolachinhas amanteigadas acrescidas do Elixir: o alimento do corpo servindo ao espírito.

☆ A Cozinha dos Alquimistas

Bolachinha com Leite Condensado

- 200 g de manteiga (1 pacote)
- 150 g de açúcar
- 3 gemas
- 1 colher de sopa de conhaque
- 300 g de maisena
- 200 g de farinha de trigo
- 1/2 colher de chá de bicarbonato
- 2 colheres de chá de fermento em pó
- 1 colher de baunilha
- raspas de limão
- 1 lata de leite condensado cozido por cerca de 45 minutos na panela de pressão.
- Sodalita, Elixir de Cristal, 15 gotas
- coco seco ralado, para passar nas bolachinhas

1. Misture a farinha com a maisena, o bicarbonato e o fermento.
2. Bata a manteiga e o açúcar até ficarem cremosos. Junte as gemas uma a uma e o conhaque pouco a pouco.
3. Adicione os ingredientes secos, a baunilha e as raspas de limão. Misture bem.
4. Abra a massa com um rolo de macarrão na pia polvilhada com maisena. A espessura deve ser de 0,5 cm, para não ficar muito grossa, pois elas serão montadas de 2 em 2 depois. Corte com um cálice pequeno. As bolachinhas devem ser pequenas para ficarem charmosas — no máximo 3 cm de diâmetro. Unte uma assadeira e passe farinha antes de colocar as bolachas.
5. Asse em forno moderado e não deixe escurecer. Separe um pouco do leite condensado, adicione as gotinhas de Elixir de Cristal Sodalita e misture bem. Passe o leite condensado generosamente em uma bolachinha, cubra com outra e depois passe no coco seco ralado. O coco ralado vai grudar apenas nas partes onde o leite condensado sai para fora. Fica muito delicado, além de delicioso.

Toque do Alquimista

Em tempos tão agitados, com tantas solicitações, fazer bolachinhas pode ser um hobby que relaxa. Algumas receitas são bastante simples, outras têm detalhes que pedem mais atenção. Trabalhos elaborados como este merecem elogios — mas que não seja esta a única razão para que você os faça. O Elixir de Sodalita agregado à receita vai gratificar sua criança interior e dar um sentimento de acolhimento que faz bem em qualquer idade.

CARDÁPIO NORMAL ☆

Bolachinhas Austríacas

- 750 g de farinha de trigo
- 1 kg de amêndoas com pele, trituradas
- 500 g de manteiga sem sal, em temperatura ambiente (não pode ser margarina)
- 1 colher (café) de sal
- 2 1/2 xícaras de açúcar
- 1 colher (sopa) de baunilha
- 1 colher (sobremesa) de fermento em pó
- Basalto, Cianita, Crisoprásio e Quartzo Fumê, Elixires de Cristais, 6 gotas de cada
- açúcar cristal ou refinado e 1 colher (sopa) de baunilha para passar as bolachinhas depois de assar.

1. Misture muito bem todos os ingredientes, para dar liga. Não vai ficar uma massa compacta, mas o suficiente para se fazer os biscoitinhos em formato de pequenos nhoques.
2. Coloque sobre uma assadeira de alumínio e leve ao forno médio para assar, tomando cuidado para retirar do forno assim que estiver dourado e soltando naturalmente do fundo da assadeira, porque senão a amêndoa amarga.
3. Bata o açúcar e a baunilha no liquidificador (ou misture à mão, muito bem) e passe as bolachinhas nesse açúcar. Quando esfriar, guarde numa vasilha hermeticamente fechada. Este biscoito fica melhor ainda depois de uns três dias, pois fica crocante e apura o sabor delicado da amêndoa. Rende bastante e fica uma delícia para servir com o café, pois não é um biscoito muito doce.

Toque do Alquimista

Receita tradicional austríaca, feita pela família Bauer que se radicou no Brasil. Os Elixires de Cristais escolhidos trazem vibrações que permitem às pessoas uma adaptação sem receio ao novo ambiente, novas situações, como é importante que ocorra aos imigrantes. Mas todos nós enfrentamos o novo (e a insegurança que ele traz, por ser desconhecido o resultado final) em nossa vida, mesmo no nosso país. Assim, nas situações de mudança de emprego, de casa, de escola, os Elixires de Cristais ajudam para que a adaptação aconteça suavemente.

149

Bolachinhas de Castanha-do-pará

- 300 g de maisena
- 300 g de castanhas-do-pará passadas na máquina de moer
- 200 g de araruta (ou polvilho doce)
- 250 g de manteiga
- 150 g de açúcar
- açúcar vanille (ou açúcar refinado com gotas de baunilha) para passar por cima.
- Sodalita ou F-10 — Amor, Auto-estima — 15 gotas

1. Misture todos os ingredientes até dar liga. Faça bolinhas pequenas e achate-as levemente em cima.
2. Coloque diretamente sobre uma assadeira e leve ao forno médio. Quando estiverem douradas apenas e os biscoitinhos estiverem se soltando da forma sem quebrar, está no ponto.
3. Depois de assadas, passe no açúcar refinado batido no liquidificador com uma colher de sobremesa de baunilha (açúcar vanille).

Toque do Alquimista

Quando nos sentimos desamparados ou carentes de alguma forma, é bastante comum que busquemos consolo na comida, mais particularmente nos doces. Eles trazem lembranças de tempos mais gostosos de nossa vida e por isso nos confortam, pois queremos de alguma forma nos identificar com esse período bom. Para desfrutar dos biscoitinhos sem culpa e sem que eles precisem estar no lugar de um aconchego, nada melhor do que elevarmos nossa auto-estima. Quando estamos de bem com o que somos, tudo parece mais bonito e é mais fácil apreciar as qualidades dos amigos, pequenas dádivas que cada dia nos traz... Os Elixires de Cristais estão aí para isso!

Bolinho de Polvilho Frito

- 1 prato (raso, de sopa) de polvilho azedo
- 1 prato (sobremesa) de farinha de milho
- 2 ovos
- sal a gosto
- 2 copos de leite
- erva-doce
- 1 colher (sopa) de óleo
- 1 colher (sopa) de banha
- Amazonita e Pedra-da-lua, Elixires de Cristais, 6 gotas de cada

1. Junte ao leite o sal, o óleo e a banha e deixe ferver. Escalde a farinha de milho com o leite fervendo, batendo bem com uma colher de pau.
2. Deixe amornar e junte os ovos, o polvilho, a erva doce e as gotinhas de Elixires de Cristais.
3. Amasse bem, enrole e faça uma rosquinha. Leve para fritar em óleo frio tampado, fogo mínimo. Destampe apenas para retirar e coloque sobre papel absorvente.

Toque do Alquimista

Diferente no sabor, porque alia o milho ao polvilho e à erva-doce, a receita destes bolinhos faz sucesso. Podemos pensar no Feminino, ao prepararmos o lanche para as amigas no final da tarde e aí a escolha recai nos Elixires de Cristal acima. Mas você tem a liberdade de trabalhar o Masculino, o aprendizado, a boa vontade, combater a preguiça ou estimular a alegria... Entre os diversos temas, escolha os Elixires de Cristais cujo repertório vem ao encontro do que você busca agregar à sua vida.

Bolo de Ameixa Preta

- 2 xícaras de açúcar
- 1 xícara de farinha de trigo
- 1 xícara de margarina
- 4 ovos
- 2 xícaras de ameixas pretas picadas
- 2 colheres de sopa de chocolate em pó
- 2 colheres (chá) de fermento em pó
- 1 lata de leite condensado cozido na panela de pressão
- Elixires de Cristais, Fórmula 2 — Emagrecimento, 15 gotas

1. Bata as claras em neve e reserve.
2. Bata as gemas com o açúcar e a margarina.
3. Peneire a farinha com o fermento e o chocolate e junte às gemas, batendo sempre. Por fim, junte as claras em neve e as ameixas, misturando levemente.
4. Despeje numa assadeira retangular untada com margarina e forrada com papel-manteiga (ou um saquinho de pão aberto) e leve ao forno médio.
5. Depois de assado, corte ao meio, de comprido, para rechear. Misture as gotinhas de Elixir ao leite condensado cozido e recheie o bolo. Se quiser servir como docinho, corte em quadrados de 2,5 cm x 2,5 cm antes de rechear. Recheie e passe-os no açúcar.

Toque do Alquimista

A receita da Eliza do Valle é simples de ser feita, mas o resultado é qualquer coisa especial! Ao terminar o preparo dos alimentos, doces ou salgados, lembre-se de oferecê-los aos elementais (espíritos da natureza) que trabalham a fartura, para que sua casa seja sempre um pólo de energia da prosperidade cósmica. Um simples pensamento cria conexões com o plano superior e aquilo que você come adquire um significado maior. Para fortalecer o laço entre os diferentes planos, use como elemento facilitador os Elixires de Cristais.

Bolo de Amêndoas com Glacê de Laranja

- 200 g de manteiga sem sal (1 pacote)
- 250 g de açúcar
- 250 g de farinha de trigo
- 4 ovos inteiros
- 2 gemas
- 1 pires de amêndoas moídas

1. Bata as claras em neve.
2. Bata a manteiga com o açúcar até ficar um creme. Junte as gemas e bata. Adicione farinha e bata de novo. Junte as amêndoas à massa e por fim junte suavemente as claras em neve.
3. Despeje em forma retangular untada e forrada com papel. Leve para assar em forno regular.

Glacê

- 200 g de açúcar
- casca ralada de 1 laranja-pêra (ralar só a superfície, sem pegar a parte branca)
- caldo de 2 laranjas-pêra
- Quartzo Cristal e Quartzo Rosa, Elixires de Cristais — 8 gotas de cada

1. Junte a casca ralada ao suco da laranja, mexa bem e coe. Junte o açúcar.
2. Quando o bolo estiver assado mas ainda quente, cubra-o com este glacê ao qual se juntou as gotinhas de Elixir.
3. Leve de volta ao forno só para secar um pouco o glacê, no calor do forno desligado.
4. Retire do forno, deixe esfriar e corte em pedacinhos em forma de losangos, na própria assadeira, antes de retirar.

Toque do Alquimista

Esta é uma receita retirada de um livro antigo, do início do século passado, ao qual um dia eu tive acesso. Seu nome original era Sylvia's Cake (Bolo da Sílvia). Além de ser uma delícia, é um bolo refinado. Junte ao glacê os Elixires Quartzo Cristal e Quartzo Rosa, para trabalhar o afeto e o equilíbrio das energias yin e yang.

Bolo de Belém — Para a Prosperidade

- 2 xícaras (chá) de rapadura cortada (ou 1 xícara de melado)
- 2 xícaras (chá) de água
- 2 xícaras (chá) de farinha de trigo
- 1 xícara (chá) de manteiga
- 1 colher (chá) de bicarbonato
- 1 colher (sopa) de fermento em pó
- 1 colher (sopa) de canela em pó
- 1 lata de leite condensado
- 4 ovos
- 150 g de ameixas pretas picadas
- 100 g de damascos secos picados
- 200 g de nozes, amêndoas e castanhas
- 8 cravos-da-índia
- Elixires de Cristais — Fórmula 8 — Prosperidade — 20 gotas

1. Leve ao fogo a rapadura com a água para fazer o melado, até reduzir para uma xícara, mais ou menos.
2. Bata a manteiga com o leite condensado e as gemas. Adicione aos poucos a farinha de trigo peneirada com o fermento, o bicarbonato e a canela em pó e misture levemente, alternando com o melado — começando com a farinha e terminando com a farinha.
3. Junte todas as frutas e castanhas e por último as claras em neve, os cravos-da-índia e as gotinhas de Elixires de Cristais F-8 — Prosperidade, misturando de leve.
4. Despeje numa forma furada no meio, untada e enfarinhada. Asse em forno médio. Se a forma for pequena, dá dois bolos — e pode congelar um, que fica ótimo.

Toque do Alquimista

Em qualquer época do ano este bolo é um sucesso com a família. No Natal, faça esta receita para dar aos amigos também, como uma lembrança especial sua. Transforme-se num alquimista dos tempos modernos e junte à massa os Elixires de Cristais que você ache mais apropriado para cada amigo presenteado, além da Fórmula da Prosperidade, porque esta todos apreciam. Embrulhe em papel celofane vermelho e dê um laço em cada lado, com fita xadrez. Use os cartõezinhos que você encontra no final do livro, que vai ficar mais pessoal ainda!

Bolo de Chocolate Cremoso
- 2 copos de farinha de trigo
- 1 1/2 copo de açúcar
- 1/2 copo de óleo
- 1/2 copo de suco de laranja
- 4 ovos
- 1 colher (sopa) de fermento em pó
- 4 colheres (sopa) de chocolate em pó sem açúcar

1. Bata as claras em neve.
2. Peneire a farinha com o fermento e o chocolate.
3. Bata bem as gemas com o açúcar e em seguida despeje aos poucos o suco de laranja e o óleo, alternando com a mistura da farinha peneirada.
4. Depois, sem bater, vá juntando as claras em neve, misturando bem. Leve ao forno em forma retangular untada e forrada com papel impermeável ou saco de papel de pão (pelo avesso).

Recheio e cobertura
- 1 barra de chocolate preto crocante de 200 g (Diamante Negro)
- 1 lata de creme de leite (se colocar a barra de chocolate meio amargo, acrescentar 1/2 lata de leite condensado)
- F-9 — Harmonia, Elixires de Cristais — 15 gotas.

1. Derreta o chocolate em banho-maria. Desligue, junte os Elixires de Cristais e o creme de leite e bata bem com o mixer.
2. Corte o bolo ao meio, recheie e cubra com esse creme. Corte em tiras retangulares e embrulhe em papel-alumínio cada pedaço. Leve à geladeira. É uma delícia!

Toque do Alquimista

Todo mundo adora este bolo de chocolate. O fato de ele ser embrulhado facilita que seja levado para o lanche escolar ou para o escritório, além de mantê-lo úmido.

Os cristais também podem modificar as qualidades vibracionais dos alimentos, atuando em quem os come de forma a quebrar a compulsividade. Se você está acima do peso, use a Fórmula 2 — Emagrecimento ou simplesmente o Elixir de Topázio. Lembre-se que uma fatia do bolo contém todo o sabor do bolo inteiro. Você pode se sentir satisfeito e gratificado sem engordar.

Bolo de Coco sem Farinha

- 4 ovos
- 1 lata de leite condensado
- 1 pacote de coco ralado (100 g)
- 2 colheres (sopa) de margarina
- 1 colher (sobremesa) de fermento em pó
- Elixires de Cristais — Fórmula 10 — Amor, Auto-estima — 10 gotas

1. Bata todos os ingredientes no liqüidificador, despeje numa forma pequena, furada no meio, untada com margarina. Assa rápido, em forno quente. Fica como uma queijadinha.

Toque do Alquimista

Para começar a ensinar a garotada a fazer bolo, esta pode ser uma boa receita. Deixe as crianças sentirem o prazer de serem bem-sucedidas, preparando seus primeiros pratos. Uma elevada auto-estima começa a se estruturar desde cedo e a família tem um papel fundamental nisso. Aproveite e junte à massa gotas da Fórmula 1, da Fórmula 10. Elevada auto-estima faz bem para todas as idades. E não se esqueça de elogiar os resultados, porque esse é um ótimo incentivo.

Bolo de Fubá Cremoso

- 3 ovos
- 100 g de queijo ralado
- 1 vidro de leite de coco
- 2 xícaras de açúcar
- 1 1/2 xícara de fubá
- 3 colheres (sopa) de farinha de trigo
- 2 colheres (sopa) de margarina
- 2 xícaras de leite
- 1 colher de fermento em pó
- Âmbar, Elixir de Cristal — 10 gotas

1. Coloque todos os ingredientes no liqüidificador e bata bem.
2. Unte uma forma e forre-a com papel (saquinho de pão serve, se você não tiver papel-manteiga em casa). Despeje a massa e asse em forno médio.

Toque do Alquimista

Outra receita bem fácil de ser feita, lembra vida de interior, época de festas juninas, férias... Mas você pode fazer este bolo qualquer tarde, para o lanche da família, na hora do futebol, lembrando-se de juntar à massa gotas do Elixir de Âmbar, por exemplo, para ajudar a controlar a ansiedade da torcida

Bolo Salgado do Vovô Paulo

- ± 3 xícaras cheias de farinha de trigo
- 1 colher (sopa, rasa) de sal
- 1/2 colher (sopa, rasa) de açúcar
- 1 1/2 colher (sopa, cheia) de fermento em pó
- 3 ovos inteiros
- 1 copo de leite morno (pode ser leite coalhado, iogurte, etc., mas sempre morno)
- 1 copo (americano, pela risca) de óleo
- Aventurina, Elixir de Cristal, 10 gotas

1. Junte à farinha o sal, o açúcar, o fermento em pó e os ovos. Adicione o leite morno, o óleo e misture de leve com a ponta dos dedos de uma mão apenas, sem sovar.
2. Passe óleo numa assadeira retangular, abra a massa sobre ela e faça furinhos leves com um garfo, em toda a extensão. Fica toda marcadinha. Adicione sobre a massa gotinhas do Elixir de Cristal.
3. Leve para assar por 15 minutos em forno quente. Fica como um pão salgado, ótimo para o lanche.

Obs.: se quiser sofisticar o sabor, junte sementes de kümmel à massa. Se preferir erva-doce, também combina. Outra possibilidade é salpicar sal grosso (pouco) antes de levar para assar.

Toque do Alquimista

Esta receita familiar tem perto de cem anos. É um tipo de bolo que Dona Augusta de Lara preparava para os filhos, ou quando chegava uma visita inesperada na fazenda onde morava, por volta de 1908. Um dos bolos prediletos do vovô Paulo, ainda é servido na família com freqüência, pela rapidez de preparo e pelo sabor simples, que combina tão bem com manteiga, geléia, carne em conserva. É uma receita que ajuda nas ocasiões em que se precisa improvisar, pois da hora em que você começa a massa até pôr o bolo na mesa, não leva mais do que vinte minutos. Faça dela uma receita da sua família também.

Pão-de-ló de Laranja

- 6 ovos
- 3 xícaras de açúcar
- 1 xícara de suco de laranja
- 1 1/2 xícara de maisena
- 1 1/2 xícara de farinha de trigo
- 1 colher (sopa) de fermento em pó
- Cornalina e Malaquita, Elixires de Cristais, 6 gotas de cada

1. Separe as claras e bata em neve.
2. Junte as gemas e bata bem até misturar. Acrescente o açúcar e bata levemente.
3. Peneire a maisena e a farinha de trigo e despeje aos poucos na massa, sem bater, alternando com colheradas de suco de laranja.
4. Junte o fermento e misture bem. Despeje em forma untada com manteiga e forrada com saco de papel ou papel-manteiga e leve para assar em forno moderado. Assim que estiver assado, umedeça o bolo com colheradas de suco de laranja ao qual você adicionou as gotinhas de Elixires de Cristais. Recheie a gosto.

Toque do Alquimista

Pão-de-ló lembra infância na casa da avó. Nesses tempos em que as famílias muito numerosas têm um contato menos freqüente do que seria o ideal, vale a pena renovar a lembrança. Mas a expressão "pão-de-ló" também era usada antigamente para nomear uma pessoa muito meiga, "macia" no trato.

Excesso de meiguice pode indicar baixa auto-estima, necessidade de agradar por medo de não ser amado. Se for esse o caso, adicione os Elixires de Cornalina e Malaquita ao bolo, para equilibrar as energias. Se, pelo contrário, o que se deseja é "amaciar" uma personalidade cheia de arestas, desconfiada, adicione Sodalita, Apatita, o Elixir de Enxofre. O equilíbrio está no meio-termo, sempre.

Pão-de-ló de Laranja da Mamãe

- 3 ovos inteiros
- 1 xícara de óleo
- 1 laranja inteira com casca (sem as sementes e o miolo), lavada
- suco de 1 laranja
- 2 xícaras de açúcar
- 2 xícaras de farinha de trigo
- 1 colher (sopa) de fermento em pó
- Calcedônia, Elixir de Cristal, 12 gotas

1. Bata tudo no liqüidificador e despeje numa forma untada com óleo e polvilhada com farinha.
2. Polvilhe açúcar sobre a massa e leve para assar em forno quente, por 20 minutos.

Toque do Alquimista

Um pão-de-ló diferente no sabor, porque a laranja com a casca vai dar um toque diferente à receita.

Mas ela vai ficar diferenciada mesmo é com as gotinhas do Elixir de Cristal Calcedônia, que trabalha o vínculo amoroso entre mãe e filho. Uma mágica pessoal e com resultados bons para todos!

Rocambole de Goiabada

- 5 ovos
- 1/2 xícara de chá de açúcar
- 3 colheres (sopa) de farinha de trigo
- 3 colheres (sopa) de maisena
- 3 colheres (sopa) de amêndoas moídas
- açúcar vanille e cravos-da-índia para decorar
- um pedaço de goiabada e 1 copo de vinho doce ou licoroso para o recheio.
- Elixires de Cristais, Fórmula 6 — Alto-astral, 10 gotas

1. Faça primeiro o recheio. Pique a goiabada em pedaços pequenos para facilitar desmanchar, coloque numa frigideira e leve ao fogo baixo junto com o vinho, até formar uma pasta lisa. Desligue e junte as gotinhas de Elixires de Cristais.
2. Bata as claras em neve.
3. Bata as gemas com o açúcar até obter um creme esbranquiçado.
4. Misture a farinha com a maisena e as amêndoas e junte-as aos poucos ao creme de gemas.
5. Junte as claras em neve e misture levemente.
6. Unte e forre com saco de papel uma assadeira retangular grande, espalhe a massa sobre ela e leve para assar em forno quente (200 graus) durante 15 a 20 minutos.
7. Desenforme retirando a massa com o papel diretamente da forma. Imediatamente espalhe o recheio de goiabada sobre ela, e com cuidado vá enrolando o rocambole à medida em que vai puxando a ponta do papel onde a massa está presa.
8. Enfeite com uma fileira de cravos-da-índia e polvilhe açúcar vanille. Se não tiver açúcar vanille, prepare-o, batendo rápido no liqüidificador um pouco de açúcar refinado ou cristal com 1 colher de sopa de essência de baunilha.

Toque do Alquimista

Quando você se sente "enrolado", preso a uma situação sem saber bem para onde ir, a vontade pode ser de se enrolar no cobertor, esconder a cabeça debaixo dos lençóis e acordar um certo dia em que as coisas já tenham se resolvido por si. Mas isso não resolve, e você sabe disso. Então, sacuda essas energias, levante-se da cama e prepare este rocambole. Enrole o doce e não sua vida. As gotinhas maravilhosas da Fórmula 6 — Alto-astral vão ajudar você a modificar seu estado de ânimo e achar o melhor caminho para a solução.

☆ A Cozinha dos Alquimistas

Torta Austríaca de Amêndoas

- 1 xícara de açúcar
- 2 1/2 xícaras de farinha de trigo
- 2 xícaras de amêndoas com pele, moídas mas não demais
- 1 colher (chá) de fermento em pó
- 2 colheres (sopa) de conhaque
- 4 gemas, sendo 2 cozidas
- casca ralada de 1 de limão
- suco de 1 limão
- 1 pacote de manteiga sem sal (200 g)
- 1 xícara de geléia de damasco
- açúcar vanille para enfeitar
- Calcita Amarela e Berilo, Elixires de Cristais, 7 gotas de cada

1. Bata a manteiga com o açúcar até formar uma massa homogênea. Junte as gemas, o conhaque, a casca de limão ralada mais o suco do limão, misturando bem.
2. Peneire a farinha de trigo com o fermento e junte as amêndoas moídas, misturando tudo.
3. Vá adicionando essa farinha à massa, amassando bem para dar liga. Se preciso, junte um pouquinho mais de farinha peneirada.
4. Abra a massa diretamente sobre um pirex ou prato refratário, onde a torta será servida. Deixe as bordas não muito grossas, apesar de a massa ser o ponto forte dessa receita. Reserve um pouco da massa para fazer as tirinhas que enfeitam a torta.
5. Cubra com a geléia de damasco. Abra a massa restante (se preciso, junte um pouquinho mais de farinha para facilitar) e corte em tirinhas finas, cruzando-as sobre a torta.
6. Asse em forno médio por cerca de 40 minutos ou até que a massa fique dourada, mas não escura, porque isso alteraria o gosto das amêndoas na massa.
7. Retire do forno, adicione as gotinhas de Elixires de Cristais e polvilhe por cima açúcar vanille.

Toque do Alquimista

Uma receita comum na Áustria, esta torta tem um sabor requintado, pelo contraste entre a amêndoa e o azedinho do damasco. Ela também consta do livro As melhores receitas de Cláudia, *com pequenas modificações. Não moa demais as amêndoas, a ponto de transformá-las em uma farinha, porque isso modificaria o sabor da torta. Os Elixires de Calcita Amarela e Berilo vão dar as vibrações de bem-estar e alegria, acostumando você à idéia do sucesso!*

CARDÁPIO NORMAL ☆

Torta Bombom
- 1 lata de leite condensado
- 1 1/2 lata de leite de vaca
- 1 colher (sopa) de maisena
- 1 colher (sopa) de manteiga
- 2 gemas
- 1 colher (café) de baunilha
- 5 bombons Sonho de Valsa e 5 Ouro Branco, picados em pedaços pequenos

1. Junte tudo, exceto os bombons, e leve ao fogo para fazer um creme.
2. Despeje num pirex. Espalhe uniformemente os bombons sobre esse creme, reservando um pouco para enfeitar a torta ao final.

Calda
- 1 xícara de chocolate em pó sem açúcar
- 1 xícara de leite de vaca

1. Leve ao fogo para engrossar um pouco e em seguida despeje sobre o creme no pirex.

Cobertura
- 1 lata de creme de leite sem soro
- 10 colheres (sopa, rasas) de açúcar
- 2 claras em neve, bem firmes.
- Elixires de Cristais — F-2 — Emagrecimento e F-5 — Afrodisíaco, 10 gotas de cada

1. Bata tudo com o mixer e coloque por cima do creme com a calda de chocolate.
2. Despeje os bombons restantes por cima, para enfeitar. Leve para gelar.

Toque do Alquimista

Mesmo em tempos pós-modernos, de funk e grupos rap, não há quem resista a um "Sonho de Valsa" bem crocante, que há décadas é um dos bombons mais tradicionais e preferidos do Brasil. Nesta versão, em que se pode misturar ainda o "Ouro Branco" e transformar tudo numa torta gelada requintada, os Elixires de Cristais vêm dar um toque mais que especial. Experimente a Fórmula 2 — Emagrecimento, junto com a Fórmula 5 — Afrodisíaco. Desperte os sentidos sem culpa e bom proveito!

Torta Crocante de Bananas

- 1 1/2 xícara de açúcar cristal (para a calda)
- banana-nanica cortada em rodelas grossas
- 12 colheres (sopa) de farinha de trigo
- 8 colheres (sopa) de açúcar
- 1 colher (sopa) de baunilha
- 1 tablete de margarina congelada, picada
- 1 ovo e 1 gema
- 1 colher (café) de fermento em pó
- F-6 — Alto-astral, Elixir de Cristal — 12 gotas

1. Na própria forma redonda onde se fará a torta, prepare uma calda caramelizada de açúcar.
2. Sobre ela, coloque as rodelas de banana cobrindo a assadeira.
3. Faça a farofa com os demais ingredientes, tendo o cuidado de que a margarina seja retirada do freezer na hora de usar, para ir picando aos pedaços. Não se deve mexer muito a farofa, apenas ligeiramente com uma das mãos, que é isso o que dará o crocante.
4. Despeje a farofa sobre as rodelas de banana e leve para assar. Desenforme, adicione sobre a torta as gotinhas da Fórmula 6 — Alto-astral e sirva, quente ou fria.

Em vez de bananas, esta torta pode ser feita com abacaxi em rodelas, pêssegos frescos ou maçãs fatiadas, que também fica muito bom.

Toque do Alquimista

Uma torta bem brasileira, que facilita a vida da mãe que precisa fazer algo rápido, fácil, que possa servir quente e — ainda por cima — aproveitar aquelas bananas que estão muito maduras. Além de ser uma delícia porque é ligeiramente crocante, pode levar um significado maior, quando você adiciona sobre ela, ao desenformar, gotas dos cristais da sua escolha, para cuidar das vibrações energéticas das crianças (ou dos amigos, da família...) Leia o repertório atentamente para descobrir a melhor opção.

Torta de Amêndoas com Recheio de Damasco

- 5 ovos
- 1/2 xícara (chá) de açúcar
- 3 colheres (sopa) de farinha de trigo
- 3 colheres (sopa) de maisena
- 3 colheres (sopa) de amêndoas sem pele, moídas

1. Bata as gemas com o açúcar até obter um creme esbranquiçado.
2. Peneire a farinha com a maisena e adicione as amêndoas moídas. Junte essa mistura aos poucos às gemas batidas.
3. Junte as claras em neve e misture tudo, mexendo levemente.
4. Unte 3 formas pequenas do tipo para bolo inglês, forre-as com papel (pode ser saquinho de pão) e divida a massa nas formas. Asse em forno quente (200° C) por 15 a 20 minutos.

Recheio e cobertura

- 1 lata de leite condensado
- 5 colheres de amêndoas sem pele e moídas
- 100 g de damascos secos
- Safira/Ouro e Sodalita, Elixires de Cristais, 10 gotas de cada

1. Deixe o damasco de molho num pouco de água morna. Quando amolecer bem, retire da água, bata no liqüidificador com o leite condensado e as amêndoas. Se preciso, junte um pouquinho da água em que o damasco ficou de molho. Adicione as gotinhas de Safira/Ouro e Sodalita e misture bem.
2. Parta os bolos ao meio, recheie e cubra com essa pasta. Leve ao refrigerador para gelar.

Toque do Alquimista

Esta é uma das receitas deste livro que eu fui "inventando", na busca de um sabor determinado. O contraste entre o doce e o azedinho do damasco dá um toque especial, agregado à adição dos Elixires de Cristais, que podem variar conforme a ocasião. A Safira/Ouro e a Sodalita têm vibrações que combinam muito bem com esta tortinha. Dê uma lida no repertório e descubra seu significado.

Torta de Amêndoas de Santiago de Compostela

Massa

- 1 ovo
- 175 g de açúcar
- 200 g de farinha de trigo
- 2 colheres (sopa) de água quente
- manteiga para untar
- farinha de trigo para polvilhar

1. Numa tigela grande, bata o ovo com o açúcar e a água quente até os ingredientes misturarem bem e a mistura espumar.
2. Junte a farinha de trigo aos poucos, mexendo sempre, para que a massa fique lisa e homogênea.
3. Abra um pedaço de plástico (pode ser um saquinho limpo) sobre a pia, polvilhe com farinha de trigo e coloque a massa por cima. Cubra com outro pedaço de plástico também enfarinhado.
4. Abra a massa com o rolo, sobre os plásticos, até a massa ficar com cerca de 2 mm de espessura.
5. Unte com manteiga e polvilhe com farinha de trigo uma forma de abrir, com cerca de 24 cm de diâmetro, colocando a massa no fundo dela.
6. Fure a massa com um garfo em vários pontos e reserve.

Recheio

- 4 ovos
- 250 g de açúcar
- casca ralada de um limão
- 250 g de amêndoas sem pele e moídas
- 1 pitada de canela
- 15 gotas da F-11 – Liberação dos Karmas Familiares

1. Bata os ovos com o açúcar até a mistura crescer e ficar bem espumosa.
2. Junte a casca de limão ralada, as amêndoas moídas, a canela em pó, os Elixires de Cristais e misture muito bem, para ficar homogêneo.
3. Despeje o recheio sobre a massa e leve para assar em forno preaquecido a 180 graus, por 30 a 35 minutos.
4. Deixe a torta esfriar na forma e depois desenforme em um prato de servir.

5. Polvilhe açúcar de confeiteiro. Desejando enfeitar, recorte o desenho da Cruz da Ordem de Santiago em cartolina, coloque sobre a torta e polvilhe o açúcar. Retire o molde com cuidado, para não estragar o desenho da cruz.

Toque do Alquimista

Esta é uma receita servida tradicionalmente aos peregrinos que buscam a elevação espiritual, percorrendo o caminho de Santiago de Compostela, na Espanha. Doce típico da região, nos coloca em contato com um sabor delicado, que cabe bem numa viagem de purificação e busca de autoconhecimento. Mesmo que você ainda não tenha feito o trajeto no exterior, você pode criar o caminho de sua busca dentro de você mesmo, usando como ponto de apoio elementos típicos do percurso: interiorização, pensamentos elevados, desejo de se melhorar, como alimento da alma. Como alimento do corpo, prepare a receita da Torta de Amêndoas como um ritual, fazendo uma oração enquanto junta os ingredientes em harmonia. Abaixo, uma reprodução da cruz de Santiago de Compostela, para você copiar em cartolina, recortar e aplicar sobre a torta antes de polvilhar o açúcar de confeiteiro.

Torta de Chocolate sem Farinha da Myrna Morales

- 1/2 xícara de chocolate em barra meio amargo (mais ou menos 100 g)
- 1/2 xícara de manteiga sem sal (mais ou menos 100 g)
- 3/4 de xícara de açúcar
- 3 ovos grandes
- 1/2 xícara de chocolate em pó sem açúcar
- um pouco de chocolate em pó sem açúcar, para polvilhar sobre o bolo.
- Ágata Azul Rendada e Quartzo Rosa, Elixires de Cristais — 7 gotas de cada

1. Aqueça antecipadamente o forno em temperatura média. Passe manteiga no fundo de uma forma redonda média. Forre a forma com papel e passe manteiga por cima do papel também.
2. Pique a barra de chocolate em pequenos pedaços. Coloque numa vasilha, junte a manteiga e leve ao fogo em banho-maria para derreter lentamente, mexendo sempre.
3. Retire do fogo, despeje o açúcar na mistura de chocolate e bata. Adicione os ovos inteiros e bata bem.
4. Peneire 1/2 xícara de chocolate sobre a mistura e junte as gotinhas da Ágata Azul Rendada e Quartzo Rosa. Bata bem até a massa ficar homogênea.
5. Despeje na forma forrada e untada e leve ao forno por 25 minutos ou até que se forme uma fina crosta na superfície.
6. Retire do forno e espere 5 minutos antes de virar o bolo sobre o prato de servir. Polvilhe com chocolate em pó amargo.

Sirva quente ou frio, com sorvete de baunilha, se desejar. É simplesmente deliciosa e uma sobremesa superfina!

Toque do Alquimista

Quando estiver preparando esta torta, crie um clima especial em vibrações energéticas. Pense em aconchego, acolhimento, amor fraterno, autenticidade, leveza... e vá adicionando à massa, na mesma sintonia de vibrações dos Elixires de Cristais que você agrega à receita. O mesmo tipo de sentimento que temos quando estamos juntos de amigos queridos, como quem me ensinou esta receita.

Torta de Maçã e Nozes

- 250 g de maçãs descascadas e cortadas em fatias não muito grossas
- 180 g de açúcar
- 180 g de farinha de trigo
- 1 colher de bicarbonato
- 1 pitada de sal
- 1 colher (sopa, rasa) de chocolate em pó
- 120 g de manteiga ou margarina
- 1 ovo
- 100 g de passas sem semente
- 100 g de nozes picadas
- Lápis-lazúli e F-5 — Afrodisíaco, Elixires de Cristais, 8 gotas de cada

1. Despeje o açúcar sobre as maçãs fatiadas e deixe descansando.
2. Derreta a manteiga e deixe esfriar. Bata o ovo, junte a manteiga fria e jogue esta mistura sobre a maçã.
3. Peneire a farinha de trigo, o bicarbonato, o sal e o chocolate em pó. Junte as passas e as nozes picadas.
4. Junte a maçã à farinha misturada com os outros ingredientes e misture bem.
5. Unte uma assadeira (média) e despeje a massa, levando para assar em forno médio.
6. Assim que retirar do forno, despeje o glacê de limão sobre a torta.

Glacê

Junte suco de limão e açúcar, até formar uma espécie de calda grossinha. Não leve ao fogo. Junte as gotinhas mágicas dos Elixires de Cristais e misture bem, antes de despejar sobre a torta.

Toque do Alquimista

Maçãs e nozes são alimentos usualmente dedicados aos gnomos e duendes, porque os elementais apreciam esses frutos. Por outro lado, como eles regem os cristais, a combinação alquímica se dá plenamente nesta receita, quando você junta as gotinhas do Elixir de Lápis-lazúli e a Fórmula 5 — Afrodisíaco ao doce. Entre em comunhão com a natureza de uma forma diferente das que você costuma pensar usualmente.

☆ A Cozinha dos Alquimistas

Torta de Maçã dos Lara

Massa

- 6 colheres (sopa, cheias) de farinha de trigo
- 1 colher (sopa, cheia) de açúcar
- 1 colher (sopa, rasa) de fermento em pó
- 2 colheres (sopa) de manteiga
- 1 gema
- ± 1/2 xícara (café) de leite

1. Peneire a farinha de trigo com o açúcar e o fermento em pó. Junte a gema, a manteiga e vá despejando aos poucos o leite, até o ponto em que a massa estiver boa para ser aberta.
2. Amasse bem e abra bem fininha, com o rolo, ou diretamente sobre um pirex untado com manteiga, de maneira fina e regular, até a borda do pirex.
3. Coloque o creme e sobre ele o recheio de maçãs.
4. Com as sobras da massa da torta, corte tirinhas bem finas e coloque cruzando sobre esse recheio, para enfeitar. Asse em forno brando e bem depressa, só para dourar a massa.

Creme

- 1 1/2 xícara (chá) de leite
- 1 colher (sopa) de manteiga
- 3 colheres (sopa, cheias) de açúcar
- 1 colher (sopa) de maisena
- gotas de baunilha para perfumar
- 1 gema (tirar a pele, passando pela peneirinha)

1. Junte o leite, a manteiga, o açúcar e a baunilha numa panelinha e leve ao fogo.
2. Dissolva a maisena num pouco de leite à parte, junte a gema, misture muito bem e adicione ao leite da panela, mexendo bem para não encaroçar, até o ponto de creme.

Recheio de maçã

- 4 maçãs verdes azedas
- caldo de 1 limão
- 5 colheres (sopa) de açúcar
- Madeira Petrificada, Elixir de Cristal, 15 gotas

1. Fatie as maçãs descascadas bem fininho, junte o açúcar e o suco de limão.
2. Leve ao fogo baixo, mexendo de vez em quando, até se desfazer numa pasta grossa. Não precisa apurar, nem deve escurecer. Desligue e junte as gotinhas de Elixir de Cristal.

Toque do Alquimista

Esta é uma receita tradicional da família, que passa de mãe para filha há pelo menos quatro gerações. A maçã sempre exerceu um fascínio sobre os homens, histórica e mitologicamente. O "pomo da discórdia" é uma expressão que vem do mito grego, no que foi talvez o primeiro concurso de beleza da humanidade. No Monte Olimpo, Hera (rainha das deusas), Afrodite (deusa do amor) e Atenas (deusa de justiça) disputavam a posição de mais bela. Zeus então pediu que Páris, filho renegado do rei de Tróia, decidisse a questão, por sua larga experiência com as mulheres. O prêmio seria uma maçã de ouro. Páris, com medo de desagradar qualquer das deusas, sugeriu dividir a maçã em três partes iguais, mas essa idéia não foi aceita. As deusas tentaram subornar Páris: cada qual ofereceu aquilo que era de seu domínio, caso a escolhesse. Hera lhe ofereceu poder no mundo, Atenas a posição de guerreiro mais valente e justo e Afrodite, despindo-se, ofereceu a taça do amor, prometendo-lhe a mulher mais linda do mundo. Páris, experiente com as mulheres, mas sem valores morais e espirituais ainda bem consolidados, escolheu Afrodite. Acontece que a mulher mais linda era Helena, casada com o rei de Esparta. Ao verem que Afrodite vencera, Hera e Atenas ficaram ressentidas e resolveram se vingar, atiçando a ira do marido traído, dando início à Guerra de Tróia, que acabaria com a total destruição da cidade.

Quando penso nas poderosas forças que movem uma família em determinada direção, mesmo que inconscientemente, gosto de juntar gotas do Elixir de Madeira Petrificada, como forma de sutilizar o Karma, transformando-o em Dharma... Conte a história, quando servir sua torta de maçãs.

Torta de Nozes da Vovó Mariquinha

- 7 ovos
- 7 colheres (sopa, cheias) de açúcar
- 7 colheres (sopa, cheias) de farinha de trigo
- 1 colher (sobremesa) de fermento em pó
- 1/2 kg de nozes (pesadas com casca)
- ± 1/2 meio copo de vinho licoroso Palmeira para cada bolo

1. Descasque as nozes e passe na máquina de moer, com o ferro grosso. Para que elas não escorram óleo, junte 1 colher (sobremesa) de farinha de trigo ao moer. Junte o fermento em pó às nozes.
2. Bata as claras em neve. Coloque as gemas e bata novamente muito bem. Acrescente o açúcar e bata bem. Em seguida, coloque a farinha e bata um pouco. Junte as nozes com o fermento à essa massa.
3. Unte uma forma redonda com manteiga e forre com papel de saco de pão ou papel-manteiga. Despeje a massa e leve para assar em forno médio por 30 a 35 minutos. Não se deve abrir o forno nesse período, senão o bolo abaixa.
4. Depois de frio, fure o bolo com garfo e despeje o vinho licoroso sobre ele. Fazer 3 receitas (uma de cada vez) para montar a torta.

Cobertura e recheio

- 6 claras batidas em neve
- 18 colheres de açúcar
- pêssego em calda
- Cornalina, Elixir de Cristal, 15 gotas

1. Faça uma calda em ponto de fio com o açúcar (veja pág. 50) e água que dê para derreter o açúcar. Desligue e junte o Elixir de Cristal.
2. Despeje a calda aos poucos sobre as claras em neve, batendo com bastante velocidade.
3. Corte os pêssegos em calda em fatias pequenas, finas e recheie o bolo com elas.
4. Despeje a calda do pêssego sobre os bolos recheados e montados; cubra com as claras batidas e enfeite com fatias de pêssego.

Variação do recheio e cobertura
- 1 lata de leite condensado
- 1 lata de creme de leite
- pêssegos em calda
- ameixas pretas
- damascos
- 15 gotas de Elixir de Cristal de sua escolha

1. Afervente as ameixas e os damascos com um pouquinho de água. Quando amolecer, retire a água. Retire os caroços das ameixas.
2. Junte o leite condensado, o creme de leite, os pêssegos em calda, as ameixas pretas e os damascos, o Elixir de Cristal e bata no liqüidificador. Recheie e cubra a torta com esse creme. Fica delicioso também.

> Toque do Alquimista
>
> *Obs.: Esta é a receita original, que deixa todo mundo esperando pelo Natal para provar a torta de nozes da vovó. Criei uma variação do recheio e da cobertura, que você pode experimentar também. Seja a receita original ou a variação, crie uma referência de magia pessoal para a sua família, adicionando as essências que você sinta que têm mais a ver com os seus.*

Bananas Flambadas

- 8 bananas-nanicas
- suco de meio limão
- 3 colheres (sopa, rasas) de manteiga
- 6 colheres (sopa) de açúcar
- 2 copos de suco de laranja
- 8 colheres (sopa) de conhaque
- 2 colheres (sopa) de rum
- sorvete de creme
- Olho-de-gato e Turmalina Negra, Elixires de Cristais

1. Descasque as bananas e regue-as com o suco de limão.
2. Aqueça a manteiga e adicione o açúcar, mexendo sempre. Deixe caramelizar ligeiramente.
3. Doure as bananas nessa calda, dos dois lados. Junte o suco de laranja e o rum e deixe cozinhar por mais ou menos 2 minutos.
4. Arrume em taças individuais as bananas com a calda e o sorvete de creme.
5. Flambe o conhaque na concha e depois junte as gotinhas de Olho-de-gato e Turmalina. Despeje sobre as bananas e o sorvete de creme.

Obs.: Pode ser abacaxi, em vez de banana.

Toque do Alquimista

Esta é uma das receitas aprendidas nas sessões de culinária com a Greyce Mattar, de Belo Horizonte. Superfácil de fazer, é uma sobremesa que todos os que gostam de banana apreciam. Como boa alquimista, junte sua poção mágica de Elixires de Cristais ao conhaque antes de despejar sobre o sorvete para que suas vibrações sutilizem as energias. Lembre-se que você tem sempre a oportunidade de fazer suas escolhas individuais, colocando em cada taça um tipo de Elixir que tenha a ver com quem vai comer a sobremesa...

CARDÁPIO NORMAL ☆

Cocada Mole com Ovos

- 400 g de coco fresco ralado no ralador fino (mais ou menos 2 cocos pequenos)
- 1 copo de água de coco
- 4 copos de água
- 800 g de açúcar
- 10 gemas de ovo sem a pele (de preferência ovos caipira, para dar mais cor)
- cravos-da-índia
- 1 xícara de leite
- Crisoprásio, Elixir de Cristal, 12 gotas, ou F-2 — Emagrecimento

1. Faça uma calda com a água, a água de coco e o açúcar até o ponto de pasta, i.e., até ficar meio grossa.
2. Junte o coco, os cravos e deixe ferver até o coco ficar transparente.
3. Bata bem as gemas, desmanchando-as depois com o leite. Misture bem ao doce, levando ao fogo só para perder o cheiro de ovo cru. Junte as gotinhas de Crisoprásio e mexa bem. Conserve na geladeira, em pote fechado.

Toque do Alquimista

Para comer sem culpa e com prazer, porque é uma cocada especial e vale a pena saborear, junte as essências vibracionais da Fórmula 2 de Emagrecimento e algumas gotas de Crisoprásio. Pode servir com uma fatia de queijo curado de Minas que fica ótimo o contraste de sabores.

☆ A Cozinha dos Alquimistas

Manjar Branco com Calda de Ameixas Pretas

- 1 litro de leite de vaca
- 1/2 vidro de leite de coco (opcional)
- 6 colheres de coco ralado
- 6 colheres (sopa, cheias) de maisena
- 6 colheres (sopa, cheias) de açúcar
- 1 copo de leite para dissolver a maisena
- 10 gotas de Elixir de Pedra-da-lua, 5 gotas de Elixir de Turmalina Negra e 5 gotas de Elixir de Quartzo Cristal
- ameixas pretas
- açúcar e água para a calda
- lasquinhas de casca de limão

1. Coloque o coco ralado em um pouco de leite e deixe amolecer, se ele não for fresco. Enquanto isso, leve o litro de leite com o açúcar ao fogo até levantar fervura.
2. Misture a maisena com o copo de leite e despeje de uma vez no leite fervendo e mexa bem para não encaroçar, até engrossar. Desligue e adicione o leite de coco, o coco ralado e o Elixir de Pedra-da-lua, mexendo bem.
3. Passe água numa forma furada no meio e despeje nela o manjar. Leve à geladeira.
4. Faça uma calda com água e açúcar e, quando estiver meio grossinha, junte ameixas pretas e deixe cozinhar um pouco. Se desejar, acrescente lasquinhas de casca de limão. Desligue e junte 1 cálice de vinho branco e as gotinhas dos Elixires de Turmalina Negra e Quartzo Cristal. Despeje sobre o manjar desenformado.

Toque do Alquimista

Um doce de sabor suave e delicado, o manjar branco contrastando com o negro das ameixas sobre ele, lembra o claro/escuro da alma, a carta da Lua no Tarot. Quais aspectos da nossa personalidade ainda não conseguimos trabalhar? Quais são as variadas facetas da realidade que precisamos compreender para que a escuridão se dissipe? Leia atentamente o repertório dos Elixires e faça sua escolha pessoal, juntando-a ao Elixir de Pedra-da-lua. Outra opção é juntar os Elixires de Quartzo Cristal e Turmalina Negra, que trabalham as duas polaridades também. Crie um campo energético forte o suficiente com sua intenção, para começar a esclarecer suavemente o que ainda está oculto.

Musse-creme de Chocolate e Café

- 1 colher (de sopa) de gelatina em pó sem sabor
- 3/4 de xícara de açúcar
- 1 pitada de sal
- 120 g de chocolate amargo ralado
- 1 xícara de leite
- 1/2 xícara de café forte, frio
- 1 colher (chá) de baunilha
- 4 ovos separados
- 1 xícara de creme de leite
- Elixires de Cristais — F-8, F-9 e F-10 — Prosperidade, Harmonia e Amor, Auto-estima, 5 gotas de cada

1. Misture a gelatina com 1/2 xícara de açúcar e o sal. Junte o chocolate ralado, o leite, o café e a baunilha. Leve ao banho-maria e deixe até que o chocolate derreta.
2. Bata muito bem, até que a mistura fique lisa.
3. Bata as gemas, acrescente a elas uma parte da mistura de chocolate e misture bem. Junte à mistura que ficou no banho-maria. Cozinhe por 3 a 5 minutos, mexendo todo o tempo, até engrossar. Retire do fogo.
4. Coloque numa vasilha grande, leve à geladeira e deixe engrossar um pouco.
5. Bata as claras em neve, junte o açúcar restante e bata até o ponto de suspiro.
6. Bata o creme de leite em chantilly.
7. Bata a mistura de chocolate até que fique leve e espumosa. Junte o suspiro e o creme de leite batido. Por fim, adicione as gotinhas de Elixires de Cristais.
8. Despeje numa forma grande furada no centro e leve à geladeira até que fique bem firme. Para desenformar, mergulhe rapidamente em água quente e desenforme sobre uma travessa.
9. Enfeite com uma rama de uva passa e um fio de licor de café Tia Maria.

Toque do Alquimista

Para encerrar o jantar na medida certa ao estilo mineiro, em que a dona de casa prepare ela mesma pelo menos cinco sobremesas para seus convidados, como me ensinou a Beth Capanema. Este creme, que lembra um pouco um musse, é uma das favoritas, sempre. Junte gotas das Fórmulas 8, 9 e 10: Prosperidade, Harmonia e Auto-Estima. E, se estiver em Minas, fique atenta para que o primeiro convidado não vá embora cedo, porque o costume reza que, assim que o primeiro sai, todos os outros se levantam e saem em seguida... Coisas de Minas...

Musse de Chocolate

- 5 colheres (sopa) de açúcar
- 5 ovos
- 6 colheres (sopa) de chocolate em pó amargo
- 1/2 pacote de manteiga sem sal (125 g)
- Crisocola, Elixir de Cristal, 10 gotas

1. Bata o açúcar com as gemas até ficar uma mistura clara.
2. Leve o chocolate e a manteiga ao fogo em banho-maria. Junte ao creme de gemas, adicione as gotinhas do cristal Crisocola e bata bem.
3. Bata as claras em neve e junte à mistura suavemente, sem bater.
4. Leve à geladeira e sirva com creme de leite gelado, sem soro, batido com um pouco de açúcar.

Musse de Maracujá

- 1 lata de creme de leite
- 1 lata de leite condensado
- a mesma medida de suco de maracujá puro, concentrado
- Cornalina e Jade, Elixires de Cristais, 8 gotas de cada

1. Bata muito bem com o mixer até ficar leve e levar para gelar em tacinhas.

Toque do Alquimista

Musse lembra naturalmente leveza, delicadeza, a visão arquetípica do feminino. Mulheres são sonhadoras e criam em seu mundo interior, embora algumas vezes tenham dificuldade em conquistar o espaço lá fora. Os Elixires de Cornalina e Jade vão ajudar a colocar em ação as idéias há muito sonhadas e deixadas de lado para outro dia.

Muffins da Noruega

- 3 xícaras de farinha de trigo
- 3 colherinhas (café) de fermento
- 1 pitada de sal
- 2/3 de xícara de manteiga ou margarina
- 1 xícara de açúcar mascavo
- 2 ovos batidos
- 1 3/4 de xícara de leite
- 1 1/2 xícara de ameixas pretas cozidas e picadas
- nozes em pedaços
- 10 gotas de Marfim, Elixir de Cristal
- ameixas e nozes para enfeitar

1. Peneire junto a farinha de trigo, o sal e o fermento e reserve.
2. Bata a manteiga com o açúcar, depois vá juntando gradualmente os ovos e o leite. Misture a essa massa as ameixas cozidas e picadas e depois a farinha, sem bater, apenas misturando bem.
3. Unte com manteiga forminhas de tamanho grande e despeje a massa, colocando sobre cada muffim metade de uma ameixa e metade de uma noz. Leve para assar em forno moderado, por cerca de 25 minutos. Se fizer em formato de bolo, em forma grande, enfeite toda a massa com ameixa e nozes e leve ao forno por cerca de 40 minutos. Assim que retirar do forno, junte as gotinhas do Elixir de Cristal de Marfim ou outro de sua escolha pessoal.

Toque do Alquimista

Receita do Annuário das Senhoras, de 1936, um almanaque feminino do começo do século XX, que continha regras de etiquetas sociais válidas para a época (..."ao visitar alguém, não fume os próprios cigarros, mas sim os do dono da casa"...), notícias dos artistas de cinema, receitas de trabalhos manuais e de culinária, etc. Uma das características mais singulares do povo brasileiro em geral é o interesse pelo que vem de fora. Outros povos têm aversão ao estrangeiro — mas definitivamente esse não é um traço nosso. Assim, saborear pratos de outras culturas é uma forma de aproximar ainda mais os que estão distantes. No seu café da manhã ou no lanche do fim da tarde, teste estes muffins da Noruega.

Pavê de Chocolate com Vinho do Porto

- 150 g de açúcar
- 5 gemas
- 50 g de manteiga
- 6 colheres (sopa) de chocolate em pó, diluído em um pouco de vinho do Porto
- 1/2 kg de biscoito palito francês
- 1 lata de creme de leite
- 2 copos de vinho do Porto para molhar os biscoitos
- Elixires de Cristais, F-8 — Prosperidade, 14 gotas

1. Bata o açúcar com a manteiga. Junte as gemas e bata de novo.
2. Junte o chocolate e leve ao fogo rapidamente, só para o ovo não ficar cru. Retire e adicione as gotinhas da Fórmula 8, da Prosperidade.
3. Junte o creme de leite e bata na batedeira novamente.
4. Umedeça os biscoitos com o vinho do Porto e arrume-os num pirex quadrado, bem juntos.
5. Despeje metade do creme de chocolate; arrume outra camada de biscoito por cima, no sentido contrário, como que formando uma grade, mas bem juntos.
6. Cubra com o creme de chocolate e leve à geladeira, de um dia para o outro. Sirva gelado.

Toque do Alquimista

Para um jantar mais sofisticado, sirva uma sobremesa como esta. O vinho do Porto dá um sabor especial ao doce e você pode adicionar a ele 14 gotas da Fórmula 8 — Prosperidade, porque quando você se sente próspero, suas vibrações de autoconfiança e bem-estar no mundo se espalham ao seu redor.

Pudim de Nozes

- 20 a 25 nozes inteiras (as 2 metades)
- 4 ovos
- 2 latas de leite condensado
- 1 colher (sopa, não muito cheia) de maisena
- 3 colheres (sopa, cheias) de chocolate em pó
- 1 lata de leite de vaca
- Ágata Azul Rendada, Elixir de Cristal, 10 gotas

1. Diretamente na forma furada no meio faça uma calda de caramelo dourada.
2. Descasque as nozes, junte todos os ingredientes no liqüidificador e bata muito bem.
3. Despeje na forma caramelada e leve ao forno em banho-maria por mais ou menos 40 minutos. Deixe esfriar, desenforme e junte as gotinhas mágicas do Elixir de Cristal.

Toque do Alquimista

Quer impressionar por seus dotes de doceira, sem qualquer trabalho? Faça esta sobremesa. Esta receita também é ótima para você começar a ensinar as crianças a prepararem doces, sem ser o brigadeiro de sempre. Ao juntar o Elixir de Ágata Azul Rendada ou outro de sua escolha, se estiver ensinando suas crianças, deixe-as usarem a fantasia e pegarem elas mesmas os Elixires, por intuição. Vale a pena experimentar para ver os resultados.

Sonho com Recheio de Creme

- 2 copos de leite fervido morno (copo americano)
- 1 tablete de fermento
- 1 pitada de sal
- 4 colheres (sopa) de açúcar
- 1 colher (sopa, bem cheia) de manteiga
- 1/2 kg de farinha de trigo
- 2 colheres (sopa) de rum
- 5 gemas

1. Junte 1 copo de leite morno, 1 colher de açúcar, 1 pitada de sal e o fermento. Deixe descansar por meia hora em local abrigado.
2. Derreta a manteiga e junte todos os outros ingredientes ao fermento, mexendo com uma colher de pau lentamente. Junte mais 1/2 xícara (chá) de farinha de trigo.
3. Deixe a massa bem ligada, trabalhando-a com as mãos no mesmo sentido por alguns minutos, polvilhando as mãos com farinha sempre que necessário, até que a massa desprenda completamente do mármore e das mãos.
4. Coloque-a numa tigela, polvilhe-a com farinha e deixe crescer em lugar abrigado, coberta com um pano.
5. Depois de bem crescida, polvilhe o mármore com farinha e abra a massa com as mãos, na espessura de 1,5 cm. Corte-a em rodelas com a borda de um copo e deixe crescer novamente, no mármore enfarinhado.
6. Quando tiver crescido bem, coloque numa panela grande com bastante óleo quente 4 a 5 sonhos de cada vez, agitando o recipiente de forma que fiquem todos ao mesmo tempo inteiramente cobertos pela gordura.
7. Uma vez dourados, vire-os para corar por igual, retirando-os em seguida e colocando-os sobre papel absorvente.
8. Uma vez escorridos, faça um corte em cada sonho e recheie com creme ou geleia de sua preferência. Polvilhe com açúcar e canela e sirva. Rende cerca de 36 sonhos médios.

Recheio — Creme de baunilha
- 4 gemas (retirar a pele)
- 200 g de açúcar
- 3 colheres (sopa) de maisena
- 1/2 litro de leite mais 1 copo
- baunilha
- Jade e Turquesa, Elixires de Cristais, 10 gotas de cada

1. Bata ligeiramente as gemas com o açúcar e a maisena, num copo de leite.
2. Leve 1/2 litro de leite ao fogo e junte aos poucos as gemas batidas, mexendo bem para não encaroçar, até ficar um creme bem firme. Adicione as gotinhas de Turquesa e Jade, misture bem e recheie os sonhos com este creme.

Toque do Alquimista

Pensando no simbolismo do nome do doce, podemos nos indagar: o que se espera dos sonhos que temos? Que eles se tornem realidade. Mas para que isso aconteça, nossa energia tem que ser canalizada para tal — tanto no aspecto de dar foco ao que queremos, quanto em pôr as idéias em ação. Use fórmulas que contenham Jade ou Turquesa, porque suas vibrações ajudam a ativar as energias de realização, de pôr idéias em ação. Ou pense em Ágata Azul Rendada, Cianita, Peridoto, para criar sua própria alquimia, aquela que tem a ver com você ou com a sua família neste momento.

Coquetel de frutas para o Serginho

- 1 garrafa de suco de abacaxi natural — 500 ml
- 1 copo de suco de laranja — 300 ml
- 1 lata de creme de leite
- groselha até ficar cor-de-rosa
- Pirita e Calcita Amarelaranja, Elixires de Cristais — 6 gotas de cada

1. Junte tudo no liqüidificador e bata. Dá um litro de coquetel. Sirva em copos estreitos e altos, com bastante gelo picado, enfeitando a borda com pedacinhos de abacaxi, cereja e folha de hortelã. É especial!

Toque do Alquimista

Antes de bater a mistura deliciosa desse coquetel de frutas, junte algumas gotas da Fórmula da sua escolha: Afrodisíaco? Alto-astral? Aprendizagem, Memória? Seja qual for a sua decisão, o coquetel terá uma conotação especial, a partir das vibrações que você escolhe para oferecer a quem o toma. Se desejar que ele tenha algum teor alcoólico, junte um pouco de vodca, que combina bem. Este coquetel pode ser servido também na Ceia de Natal cor-de-rosa, mas não se prenda a isso. Ele é delicioso a qualquer momento.

Docinhos

Docinhos de festa remetem à infância, à mãe, aos avós, à casa de tios, ao interior, à fazenda, ou... Cada um tem suas memórias particulares para evocar, quando depara com um brigadeiro, um cajuzinho, uma cocada...

Mesmo quando adultos, nos momentos em que nos sentimos carentes afetivamente, de alguma forma desprotegidos, algo doce parece ajudar a superar esse sentimento. Provavelmente porque, quando pequenos, muitas vezes recebemos um doce quando alguém queria demonstrar carinho, atenção ou nos fazer um agrado. Nós nos sentíamos amados e acolhidos e isso fica registrado no nosso subconsciente. Doce como afeto.

Os docinhos desta seção são aqueles mais queridos das crianças (e dos adultos) nas festas infantis. Mas é claro que não precisamos esperar o aniversário de alguma criança para fazê-los. É muito simpático você ter em casa uma vasilha fechada no congelador com uma variedade deles, para oferecer sempre que alguém chegue de surpresa (ou não). Essa pode ser uma marca registrada sua. Já reparou que o que faz sucesso realmente nas festas de criança são os doces e não exatamente o bolo, cuja principal função parece que é permitir apagar a velinha?

Você também pode fazer alguns tipos variados de docinhos e montar uma pequena caixa para dar de presente, nas épocas natalinas, quando nasce o bebê de uma amiga, em aniversários... Mais charmoso, impossível. Lembra as antigas tradições européias de presentear com algo que tenha sido feito pela própria pessoa.

Escolha antecipadamente qual é a tônica que você deseja emprestar para essas pequenas delícias em termos vibracionais e já deixe à mão os frasquinhos de Elixires de Cristais, em Fórmulas preparadas (Aprendizagem e Memória, Poder Pessoal, Rejuvenescimento, Amor e Auto-estima...) ou de um único cristal. As receitas contêm sugestões, mas é claro que a escolha é sempre sua.

E diga aos seus presenteados qual foi o toque de alquimista que você deu nessas receitas, informando as vibrações que desejou que estivessem presentes: Prosperidade, Afrodisíaco, Alto-astral, Proteção... Ao final do livro, você vai encontrar uma folha que você pode reproduzir, preservando o original e recortando as cópias, em forma de pequenos cartões que você entrega junto com o seu presente. Pequenas idéias para deixar a vida mais bonita. Pequenos gestos de gentileza e atenção que tornam você diferente, especial.

Bala de Banana da Eliza do Valle
- 1.200 g de banana-nanica
- caldo de 6 limões, de preferência limão rosa
- 800 g de açúcar
- 2 pacotinhos de gelatina sem sabor vermelha
- 10 gotas de Elixir de Quartzo Rosa

1. Bata tudo no liquidificador e leve ao fogo para apurar, até o ponto de bala (cerca de 1 hora). Desligue o fogo e junte os Elixir de Quartzo Rosa.
2. Despeje no mármore untado com margarina e corte em quadradinhos. Passe no açúcar e embrulhe em papel impermeável cortado.

Bala de Café
- 1 copo de café forte
- 1 copo de mel
- 2 copos de leite
- 1 gema
- 1 colher de manteiga
- 1 colher de farinha de trigo
- caldo de 1/2 limão galego
- 10 gotas de Elixir de Quartzo Cristal

1. Misture bem todos os ingredientes e leve ao fogo, até dar o ponto de bala. (Veja o Capítulo "Pontos de Calda ou de Doces", p. 49). Desligue o fogo, junte as gotinhas do Elixir de Quartzo Cristal e misture bem.
2. Despeje sobre o mármore untado com margarina, enrole em cordões como se fosse um nhoque pequeno e corte com tesoura.
3. Passe no açúcar e embrulhe em papel-manteiga ou impermeável cortado em retângulos.

Bala de Caramelo de Chocolate
- 3 copos de leite
- 2 copos de açúcar
- 6 colheres de chocolate em pó amargo
- 2 copos de açúcar
- 2 colheres (sopa) de mel de abelha
- 1 colher (sopa) de manteiga
- 10 gotas de Crisocola, Elixir de Cristal

1. Misture tudo e leve ao fogo, mexendo bem. Quando aparecer o fundo da panela, está no ponto. Desligue e junte as gotinhas de Crisocola, misturando rapidamente.
2. Enrole como se fosse um nhoque e corte as balas.
3. Embrulhe em papel impermeável.

Brigadeiro de Chocolate
- 1 lata de leite condensado
- 1 colher (sopa, rasa) de manteiga ou margarina
- 2 colheres (sopa, cheias) de chocolate em pó (sem açúcar)
- 10 gotas de Elixir de Quartzo Fumê

1. Leve o leite condensado, a manteiga e o chocolate em pó ao fogo, mexendo bem para que não grude no fundo da panela.
2. Quando a massa estiver desprendendo da panela, retire do fogo, junte o Elixir de Quartzo Fumê, misture bem e despeje no mármore untado com margarina.
3. Deixe esfriar, enrole em bolinhas pequenas e passe pelo confeito de bolinhas coloridas.

Cajuzinho
- 1 prato fundo cheio de amendoim torrado e moído (equivalente a meio quilo)
- 1 pacote de 200 g de chocolate em pó
- 1 lata de leite condensado
- 1 prato raso de açúcar refinado
- amendoins torrados para decorar
- açúcar refinado para cobrir
- leite
- manteiga para untar
- 10 gotas do Elixir de Olho-de-tigre

1. Misture o amendoim com o açúcar, o chocolate, o leite condensado e o Elixir de Olho-de-tigre, amassando até fazer uma pasta.
2. Teste a massa. Se estiver dura, junte leite aos poucos, até atingir o ponto de enrolar. O cajuzinho deve ficar um pouco mole, pois atinge a consistência normal depois de cerca de 12 horas. Por isso, ficam melhores quando feitos com antecedência.

☆ A Cozinha dos Alquimistas

3. Com as mãos untadas com manteiga, forme os cajuzinhos, passando-os depois pelo açúcar refinado, enfeitando com os amendoins inteiros. Mantenha-os cobertos com um guardanapo ou em recipiente fechado.

Camafeu I
- 1 kg de nozes com casca
- 2 xícaras (chá) de açúcar
- 1 colher (sobremesa) de manteiga
- 6 gemas
- 2 claras
- açúcar cristal ou fondant
- 10 gotas do Elixir de Ametista

1. Descasque as nozes, separe algumas inteiras para enfeitar e moa as restantes.
2. Junte o açúcar a 3 colheres de água e leve a mistura ao fogo, até formar uma calda bem grossa. Deixe esfriar.
3. Misture as nozes moídas com as claras e as gemas, junte a calda e a manteiga. Leve ao fogo, mexendo, até que o doce despregue da panela. Junte o Elixir de Ametista.
4. Espere esfriar, faça bolinhas, achate-as e passe pelo açúcar cristal ou pelo fondant.
5. Em caso de passar pelo fondant, aqueça-o em banho-maria e espete cada docinho com um garfo, mergulhando-o até que fique coberto pelo fondant. Coloque numa grelha para secar e prense 1/4 de noz sobre o lugar onde ficaram as marcas do garfo.

Camafeu da Eliza do Valle
- 250 g de nozes moídas
- 250 g de açúcar
- 1 cálice de licor
- 3 gemas e 1 clara batida em neve
- 1 colher de chocolate em pó
- 10 gotas do Elixir de Ágata Musgo

1. Misture o açúcar com as gemas, as nozes moídas, o licor e a clara batida em neve.
2. Depois de bem misturado, leve ao fogo ligeiramente. Adicione o Elixir de Ágata Musgo.

3. Espalhe sobre a pedra mármore na espessura de 1 cm e corte em rodelinhas, com um cálice de boca pequena.
4. Coloque no centro de cada rodelinha uma colherinha de glacê e sobre ele 1/4 de noz.

Caramelos de Chocolate
- 4 copos de leite
- 4 copos de açúcar
- 2 colheres (sopa) de farinha de trigo
- 4 colheres (sopa) de mel
- 4 colheres (sopa) de manteiga
- 8 colheres (sopa) de chocolate em pó amargo
- 10 gotas de Elixir de Calcedônia

1. Misture tudo muito bem, exceto o Elixir de Calcedônia e leve ao fogo, mexendo sempre no mesmo sentido.
2. Verifique o ponto de bala, despejando um pouco da massa num copo com água (veja na seção dos "pontos" qual é este). Junte as gotas de Calcedônia.
3. Despeje em mármore untado com margarina e corte os caramelos.

Caramelos Ingleses
- 1 lata de leite condensado
- 12 colheres (sopa) de açúcar
- 2 colheres (sopa) de mel
- 2 colheres (sopa) de manteiga
- 1 xícara (chá) de nozes moídas
- 10 gotas de Elixir de Lápis-lazúli

1. Junte o leite condensado, o açúcar e o mel e leve ao fogo lento, mexendo sempre, por cerca de 15 minutos. Retire do fogo.
2. Junte a manteiga, as nozes e as gotas de Lápis-lazúli. Misture bem todos os ingredientes por mais 10 minutos, fora do fogo.
3. Despeje a massa sobre uma assadeira untada com manteiga e corte em losangos, antes que ela esfrie totalmente.

Casadinhos

- 300 g de manteiga
- 300 g de farinha de trigo
- açúcar a gosto
- geléia de frutas
- caldo de laranja
- 10 gotas de Elixir de Esmeralda

1. Amasse a manteiga com a farinha, até ficar em ponto de cortar. Adoce a gosto.
2. Trabalhe a massa mais um pouco e estenda com as mãos, cortando-a em pedacinhos, com a boca de um cálice pequeno.
3. Unte uma forma com manteiga e polvilhe farinha. Coloque as bolachinhas e leve para assar.
4. Depois de assados, junte os pedacinhos dois a dois com a geléia na qual você adicionou as gotas de Esmeralda. Passe no açúcar molhado com algumas gotas de água ou caldo de laranja.

Docinho de Abacaxi e Coco I

- 1 abacaxi
- 1 coco ralado
- açúcar
- 10 gotas do Elixir de Cianita ou 14 da Fórmula escolhida por você.

1. Passe o abacaxi na máquina de moer. Meça a mesma quantidade de açúcar e junte.
2. Leve ao fogo, acrescente o coco e deixe apurar. Quando aparecer o fundo da panela, retire para esfriar, junte os Elixires e enrole os docinhos. Passe em açúcar cristal e enfeite com um raminho de unha-de-gato.

Docinho de Abacaxi e Coco II

- 1 abacaxi
- 1 coco fresco ralado
- 1/2 kg de açúcar
- 5 ovos
- 10 gotas do Elixir de Hematita

1. Misture o coco e o abacaxi. Junte o açúcar e levar ao fogo, mexendo de vez em quando.

2. Quando estiver soltando do fundo da panela, retire do fogo e junte o Elixir de Cristal. Faça bolinhas e passe no açúcar cristal.

Docinho de Belém
- 400 g de figo seco
- 100 g de amêndoas
- 1 lata de leite condensado cozido durante 50 minutos na panela de pressão
- algumas nozes
- chocolate em pó
- 10 gotas de Elixir de Madeira Petrificada

1. Bata o figo e as amêndoas no liqüidificador ou moa bem miudinho. Junte o leite condensado aos poucos, até conseguir a consistência de enrolar.
2. Junte as gotas de Madeira Petrificada.
3. Passe pelo chocolate e coloque uma noz em cima.

Docinho de Chocolate com Castanha-do-pará
- 1 lata de leite condensado
- 2 colheres (sopa, cheias) de chocolate em pó amargo
- 8 castanhas-do-pará moídas
- 14 gotas da Fórmula de Aprendizagem ou 10 do Elixir de Quartzo Fumê

1. Junte o leite condensado com o chocolate e as castanhas moídas e leve ao fogo baixo, mexendo bem para não grudar no fundo da panela.
2. Quando estiver desprendendo do fundo da panela, retire do fogo, adicione as gotinhas de Elixir, misture bem e despeje sobre o mármore untado com margarina.
3. Deixe esfriar, enrole em bolinhas pequenas e passe pelo confeito de chocolate ou bolinhas coloridas.

Docinho de Nozes I
- 1 lata de leite condensado
- 2 xícaras de nozes moídas
- 2 gemas
- 1 colher de manteiga
- 10 gotas do Elixir de Âmbar

A Cozinha dos Alquimistas

1. Junte todos os ingredientes exceto o Elixir de Âmbar e leve ao fogo, mexendo sempre até apurar. Retire, junte as gotas de Elixir e misture bem.
2. Deixe esfriar, enrole os docinhos e passe no açúcar. Enfeite com um raminho de unha-de-gato.

Docinho de Nozes II
- 1 kg de nozes
- 1 1/2 copo de açúcar
- 4 gemas
- 2 claras
- 10 gotas do Elixir de Quartzo Cristal

1. Moa as nozes, reservando algumas para enfeitar.
2. Leve ao fogo o açúcar com 1/2 copo de água e deixe até obter uma calda grossa. Tire do fogo e espere a calda esfriar.
3. Junte as nozes moídas, as gemas e as claras sem bater. Leve ao fogo e mexa até que solte do fundo da panela. Desligue e junte as gotas de Quartzo Cristal.
4. Despeje sobre o mármore e deixar esfriar. Faça bolinhas com a massa e passe no glacê. Decore com nozes.

Glacê
- 2 claras
- 3/4 de copo de açúcar de confeiteiro
- 1/2 xícara (de chá) de água
- caldo de limão

1. Leve ao fogo todos os ingredientes e deixe cozinhar alguns minutos.

Enroladinhos de Goiabada
- 1 xícara (chá) de farinha de trigo
- 1 colher (sopa) de açúcar
- 1 colher (sopa, rasa), de manteiga
- 1 colher (chá) de fermento em pó
- leite
- açúcar cristal ou vanille
- 10 gotas dos Elixires de Azurita Malaquita

1. Peneire a farinha, o açúcar e o fermento em pó. Junte a manteiga e vá pondo leite aos poucos, até dar consistência de massa para pastel. Junte as gotas do Elixir de Azurita Malaquita. Sove bem.
2. Estique a massa com o rolo e corte em quadrados de mais ou menos 4 cm de largura.
3. Corte a goiabada em pedaços quadrados pequenos, enrole cada pedaço de goiabada em uma tira de massa na diagonal, prenda as pontinhas e passe em açúcar cristal. Leve para assar em forno brando.

Maçãzinha de Castanhas-do-pará
- 1 lata de leite condensado
- 1 xícara de castanhas-do-pará moídas ou passadas no liqüidificador
- 3 gemas
- 14 gotas da Fórmula de Aprendizagem e Memória

1. Misture tudo e leve ao fogo para apurar até o ponto de enrolar (quando a massa solta do fundo da panela). Desligue e junte as gotas dos Elixires de Cristais.
2. Despeje sobre o mármore e, quando esfriar, faça bolinhas. Passe no açúcar cristal e coloque um pedacinho de castanha, damasco ou cereja por cima, para enfeitar. Se preferir, enfeite com um raminho, imitando as folhas.

Olho-de-sogra
- 1 coco fresco ralado
- 6 gemas
- 1 lata de leite condensado
- ameixa preta sem caroço
- Quartzo Citrino, Elixir de Cristal, 10 gotas

1. Misture o coco ralado com as gemas
2. Leve o leite condensado ao fogo, mexendo. Quando esquentar, junte a massa do coco e cozinhe por 5 minutos.
3. Retire, junte as gotinhas do Elixir de Cristal, misture bem e deixe esfriar. Recheie as ameixas e polvilhe com açúcar cristal.

Quadradinhos de Chocolate
- 2 latas de leite condensado
- 2 xícaras de açúcar
- 1 pitada de sal
- 1 xícara de achocolatado em pó
- 1 colher (sopa) de manteiga
- nozes moídas, castanhas moídas ou passas.
- 15 gotas da Fórmula 3 — Rejuvenescimento

1. Junte tudo, menos a manteiga, as nozes e o Elixir e leve ao fogo para apurar. Quando chegar ao ponto, desligue, coloque a manteiga, as nozes e as gotas da F-3 — Rejuvenescimento, misturando bem. Despeje sobre o mármore, abra a massa e corte em quadradinhos, antes que esfrie.

Quadradinhos de Nozes
- 1 xícara de água
- 2 xícaras de açúcar
- 1 lata de leite condensado
- 1 colher (sopa) de manteiga
- 4 colheres (sopa) de chocolate
- 1 xícara de nozes moídas
- 10 gotas de Elixir de Cianita

1. Faça uma calda com a água e o açúcar. Adicione o leite condensado e a manteiga. Coloque para ferver.
2. Acrescente o chocolate, mexendo sempre. Quando o chocolate estiver dissolvido, coloque as nozes moídas e as gotas de Cianita. Despeje sobre o mármore e corte em quadradinhos.

Queijadinha I
- 3 ovos
- 2 xícaras (chá) de açúcar
- 2 colheres (sopa) de margarina
- 2 xícaras (chá) de queijo parmesão ralado
- 2 xícaras (chá) de coco seco ou fresco, ralado
- 1 colher (chá) de fermento em pó
- 10 colheres (sopa) de farinha de trigo
- 1 xícara (chá) de leite
- 10 gotas da Fórmula 9 — Harmonia

1. Bata tudo no liqüidificador. Despeje em forminhas para empada, untadas e enfarinhadas.
2. Leve para assar em forno moderado, preaquecido, por 20 minutos ou até que, se colocando um palito no centro, ele saia limpo. Dá cerca de 40 queijadinhas.

Queijadinha II
- 4 gemas
- 1 coco ralado
- 1 lata de leite condensado
- Peridoto, Elixir de Cristal, 10 gotas

1. Bata as gemas, juntar os demais ingredientes, exceto o Elixir e leve ao fogo.
2. Junte as gotas do Elixir de Cristal, misture e despeje em forminhas de papel.
3. Leve ao forno para assar.

Quindim
- 12 gemas
- 14 colheres (sopa) de açúcar
- 1 colher (sopa) de manteiga
- 1/2 coco ralado
- 10 gotas do Elixir de Topázio

1. Misture tudo, mexendo bem. Unte as forminhas com manteiga, despeje a massa nelas e leve para assar no forno, em banho-maria. Adicione as gotas de Topázio antes de levar para assar.

Rodinhas de Duas Cores
- 1/2 xícara de manteiga
- 1/2 xícara de açúcar
- 1 gema batida
- 4 colheres de leite
- 1 1/2 xícara (chá) de farinha de trigo
- 1 1/2 colher (sopa, rasa) de fermento em pó
- 3 colheres de chocolate em pó sem açúcar
- gotas de baunilha
- 10 gotas de Elixir de Turquesa

1. Faça uma massa com os ingredientes. Divida em duas partes e adicione o chocolate a uma delas.
2. Abra a massa em um guardanapo polvilhado com farinha de trigo e, sobre a mesma, a outra massa já aberta. Arrume uma sobre a outra e enrole como rocambole.
3. Leve para gelar durante 15 minutos, corte em fatias finas e leve para assar em forno médio, em assadeira untada e polvilhada com farinha.

Tabletes de Chocolate
- 4 copos de leite
- 2 copos de açúcar
- 2 colheres (sopa) de chocolate em pó sem açúcar
- 1 colher (sopa) de manteiga
- 1 colher (sopa) de mel
- 10 gotas de Elixir de Turmalina Negra

1. Misture tudo, exceto o Elixir, e leve ao fogo. Quando ferver, deixe apurar até que se veja o fundo da panela. Retire do fogo e junte as gotas de Turmalina Negra.
2. Bata até engrossar e então espalhe sobre uma tábua untada com manteiga. Corte em pedacinhos antes de esfriar de tudo.

Ceia de Natal Cor-de-Rosa

A idéia de uma ceia de Natal cor-de-rosa veio de receitas anotadas de um Suplemento Feminino do Estado de São Paulo, no início dos anos 80. Elas são saborosas, têm um efeito muito bonito na mesa e são de preparo simples. Alguns dos pratos permanecem atuais porque tênder, farofa e arroz estão sempre presentes nas épocas de festas natalinas. Mas outras, como o "Coquetel de Camarão" e a "Geléia de Pinga", tem um toque nostálgico e, talvez por isso mesmo, um charme especial em serem revisitadas. Há ainda o "Musse de Morangos" e as "Maçãs Carameladas", que podem ser feitos na versão *light*. Embora o "Coquetel de Frutas para o Serginho" seja mais recente, ele se encaixa bem para ser servido para quem não aprecia bebidas alcoólicas. Ou você pode prepará-lo ainda com uma dose de vodca, que combina igualmente.

A cada receita, junte as gotas dos Elixires de Cristais. Nessa época cheia de magia, de boas intenções renovadas, de votos de saúde, paz, amor e prosperidade, as Fórmulas da Harmonia, da Prosperidade, do Amor e Auto-estima vão dar um sentido especial nessa ceia. Mas você pode acrescentar também algumas gotas da Fórmula 2 — Emagrecimento e Fórmula 3 — Rejuvenescimento, porque todos querem manter a linha, apesar de alguns excessos nessa época. Feliz Natal e próspero Ano Novo!

1. Entrada — Coquetel de Camarões
- 500 g de camarões médios, limpos
- 6 camarões grandes
- 200 g de maionese
- 1 colher (sopa) de catchup
- 2 colheres (chá) de mostarda
- 1 colher (sobremesa) de molho inglês
- 1 colher (sopa) de conhaque
- 1 colher (sopa) de manteiga
- 2 colheres (sopa) de cebola ralada
- 3 colheres (sopa) de suco de limão
- 1 colher (chá) de pimenta-do-reino moída
- 1 colher (chá) de sal
- alface picada para enfeitar
- 10 gotas do Elixir de Sodalita ou 14 da F-9 — Harmonia e Equilíbrio

☆ A Cozinha dos Alquimistas

1. Tempere os camarões com o suco de limão, sal e pimenta-do-reino. Deixe descansar por 15 minutos.
2. Aqueça a manteiga e frite a cebola por 2 minutos. Acrescente os camarões e cozinhe em fogo alto, com a panela destampada, por 5 minutos. Se houver muita água, retire os camarões com uma escumadeira e deixe o caldo em fogo alto, até ficar reduzido a 2 colheres de sopa.
3. Espere os camarões esfriarem e junte todos os outros ingredientes, reservando os camarões grandes.
4. Despeje em taças próprias para coquetel. Enfeite com os camarões grandes e as folhas de alface picadas fininho.

2. *Prato principal — Tender com Geléia de Cerejas*
- 1 tender de boa marca, sem osso, com cerca de 2 kg
- 1 copo de vinho branco seco
- 1 copo de vinho madeira seco
- 200 g de geléia de cerejas
- 15 cravos-da-índia
- abacaxi e cerejas em calda para enfeitar
- 15 gotas do Elixir de Jaspe Verde

1. Três horas antes de levar o tender ao forno, coloque-o numa vasilha funda e derrame os vinhos branco e madeira sobre ele. Com um aplicador de temperos, injete um pouco do vinho no tender, se quiser.
2. Quando for preparar o tender, retire a pele, deixando a gordura. Leve-o ao forno aquecido a 175° C, por uma hora e meia. Enquanto estiver assando, regue-o com o vinho a cada meia hora.
3. Retire do forno e faça cortes na gordura, em forma de losangos. Enfie os cravos no encontro das linhas e passe geléia de cereja por toda a superfície do assado.
4. Leve ao forno novamente e deixe assar por mais 20 minutos. Retire os cravos e goteje o Elixir de Jaspe Verde sobre o tender.
5. No momento de servir, enfeite com cerejas e fatias de abacaxi em calda. Coloque algumas cerejas espetadinhas em palitos no encontro das linhas dos losangos. Ao redor do tender, coloque as fatias de abacaxi com cerejas no centro de cada uma delas.

3. Acompanhamento — *Arroz Cor-de-rosa*
- 2 xícaras de arroz cru
- 3 beterrabas picadas e cozidas
- 4 xícaras (chá) do caldo do cozimento das beterrabas
- 1 colher (sopa) de manteiga
- meia cebola ralada
- 1 dente de alho socado
- 1 tablete de caldo de carne
- 2 gemas
- 100 g de amêndoas torradas e picadas
- 20 gotas de Elixir de Crisoprásio

1. Numa panela grande, aqueça a manteiga e frite a cebola e o alho por 2 minutos.
2. Acrescente o arroz cru lavado e escorrido e refogue por mais 2 minutos, mexendo bem.
3. Junte o caldo de carne e o caldo onde as beterrabas foram cozidas. Misture bem.
4. Tampe a panela e abaixe a chama quando começar a ferver. Cozinhe por cerca de 15 minutos, até que os grãos estejam cozidos e firmes e o caldo tenha evaporado quase todo.
5. Desligue o fogo, junte as amêndoas e as gemas dissolvidas em 1 colher (sopa) de água fria. Misture com um garfo grande. Cozinhe por mais 3 minutos com a chama baixa e a panela destampada. Ao desligar, misture as gotas do Elixir, criando os efeitos de sua alquimia para a família.

Preparo do caldo de beterrabas: Cozinhe as beterrabas picadas em 6 xícaras (chá) de água, até ficarem moles. Então retire-as e utilize a água. Deve render 4 xícaras de caldo.

4. Acompanhamento — *Farofa Natalina*
- 200 g de biscoitos cream-cracker
- 100 g de uvas passas brancas, sem as sementes
- 100 g de ameixas pretas sem caroço
- 50 g de nozes sem casca
- 100 g de bacon em fatias
- 50 g de manteiga
- 20 gotas do Elixir de Cornalina

☆ A Cozinha dos Alquimistas

1. Corte as ameixas em pedaços pequenos e reserve.
2. Numa frigideira grande, derreta a manteiga e junte o bacon picado, deixando fritar por uns 5 minutos.
3. Adicione as ameixas, as passas e as nozes picadas.
4. Coloque os biscoitos num pano de prato, cubra-os e passe por cima o rolo de macarrão, para que fiquem bem esmigalhados, transformando-os numa farinha fina.
5. Despeje essa farinha sobre a frigideira e toste por uns 5 minutos, em fogo baixo, mexendo sempre. Ao desligar, junte as gotas de Cornalina e mexa bem.

5. Acompanhamento — *Maçãs Carameladas*
- 6 maçãs Fuji grandes
- 1/4 de xícara (chá) de açúcar
- 1/4 de xícara (chá) de Karo
- 1 folha de gelatina branca
- 1 folha de gelatina vermelha
- 1/2 xícara (chá) de rum
- 1 colher (chá) de manteiga
- 4 colheres (sopa) de suco de limão
- 15 gotas da Fórmula 5 — Afrodisíaco

1. Descasque as maçãs, corte-as ao meio, retire as sementes e regue com o suco de limão.
2. Numa panela grande, leve ao fogo a manteiga, o açúcar, o Karo e o rum.
3. Dissolva as folhas de gelatina em duas colheres (sopa) de água em banho-maria e junte aos outros ingredientes. Misture bem e acrescente as maçãs.
4. Tampe a panela e, quando começar a ferver, abaixe a chama e destampe. Mexendo sempre, com cuidado, deixe cozinhar por cerca de 10 minutos até que as maçãs estejam macias e tenham absorvido todo o caldo. Junte as gotinhas da F-5 — Afrodisíaco e mexa.
5. Sirva acompanhando o tender com geléia de cerejas. Enfeite a mesa com um belo Quartzo Rosa para combinar nas vibrações de amor!

6. Sobremesa — *Musse de Morango*
- 1/2 kg de morangos frescos picados — reserve alguns para enfeitar
- 1 xícara (chá) de açúcar
- 1 folha de gelatina branca

CEIA DE NATAL COR-DE-ROSA ☆

- 1 folha de gelatina vermelha
- 2 gemas
- 5 claras batidas em neve
- 200 g de creme de leite fresco, gelado
- 1 colher (chá) de raspas de casca de laranja
- 10 gotas do Elixir de Granada Vermelha

1. Dissolva as folhas de gelatina em 2 colheres (sopa) de água, em banho-maria.
2. Junte os morangos picados e cozinhe por 5 minutos.
3. Desligue a chama e junte as gemas batidas, mexendo bem.
4. Na batedeira, bata o creme de leite gelado e o açúcar, até obter a consistência de creme chantilly. Adicione as claras em neve e as raspas de laranja. Junte as gotas de Granada Vermelha.
5. Bata por mais um minuto e misture com o morango e a gelatina.
6. Despeje numa vasilha de Cristal ou em taças individuais que possam ser levadas à mesa. Enfeite com morangos e leve à geladeira por cerca de 3 horas.

Não colocar no congelador, porque a parte cremosa se separará da parte líquida.

7. Sobremesa — Geléia de Pinga

- 1 kg de açúcar cristal
- 1 copo de pinga
- 2 copos de água
- 1 envelope de gelatina vermelha sem sabor
- 3 envelopes de gelatina branca sem sabor
- açúcar refinado.
- Fórmula 8 — Prosperidade — 15 gotas

1. Numa panela grande, misture as gelatinas, a pinga, a água e o açúcar cristal. Leve ao fogo por cerca de 10 minutos, mexendo sempre. Quando o líquido subir, desligue a chama e espere que ele assente novamente.
2. Ligue o fogo de novo e repita a operação por mais duas vezes, isto é, desligando quando o doce subir, para que ele na verdade não fique "cozinhando", por causa da gelatina.
3. Em seguida, junte as gotas e as propriedades vibracionais da F-8 — Prosperidade e despeje sobre uma assadeira retangular média (cerca de 25 x 30 cm)

untada com manteiga. Deixe esfriar e leve à geladeira por duas horas, cobrindo com um plástico.

4. Quando a geléia estiver bem firme, corte losangos com cerca de 2 a 3 cm de lado. Retire-os da assadeira e passe, um a um, pelo açúcar refinado.

Obs.: Este docinho pode ser feito alguns dias antes. Se colocado dentro de uma lata, em camadas separadas por papel-manteiga, pode ser guardado por um período entre 7 e 10 dias. Sirva acompanhando o licor ao final da ceia.

Bênção da Casa

Nesta casa
não haverá tristeza
Nesta moradia
não virá sofrimento
Nesta porta
não virá temor
Neste lar
não virá discórdia
Neste lugar
haverá bênção e paz.

Por Último, Mas não Menos Importante

Na vida, tudo é uma questão de escolha e na nossa alimentação isso também é verdadeiro.

Nossa forma de nos relacionarmos com a comida revela muito sobre quem somos. Comemos compulsivamente ou nos demoramos no prazer de saborear a refeição? Escolhemos sensatamente alimentos dos quais nosso organismo está carente ou ignoramos os sinais de alerta e buscamos gratificação imediata? Colocamos amor naquilo que fazemos na cozinha ou nos irritamos por termos que dedicar um tempo ao preparo do alimento que vai nos sustentar? Que tipo de energia, enfim, liberamos para os pratos preparados pelas nossas poderosas mãos, que devem ser de luz, mas nem sempre são?

Entre os sonhos que cultivei e busquei realizar na minha vida, esteve sempre o de tornar mais fácil a vida daqueles que passaram pelo meu caminho. Penso que todo terapeuta, para desempenhar bem sua profissão, deve ter um pouco desse sentimento imperativo que diz, lá dentro do seu coração, que algo pode ser feito para consertar o que não funciona bem ou melhorar o que já é bom.

Espero que, com a concepção deste livro (que até onde cheguei com minhas pesquisas penso ser inédito, ao aliar o alimento para o corpo ao alimento para a alma, na forma de essências vibracionais de Cristais), eu possa ter alcançado meu objetivo de abrir novos horizontes para o que significa "estar no mundo" aqui e agora.

Este não é um livro técnico, nem é essa a sua pretensão. Uma abordagem mais profunda sobre o tema é assunto de outro trabalho meu, *Elixires de Cristais: Novo Horizonte da Cura Interior*. No entanto, se foi possível despertar o interesse para o bem que os Elixires de Cristais podem proporcionar no nosso dia-a-dia, de forma totalmente natural; se ele servir de apoio para uma mudança de pontos de vista, mantendo constante a vontade de elevar o padrão vibratório dos nossos pensamentos; se, enfim, ele ajudar a desenvolver atitudes mais positivas na vida, permitindo que com essa renovação de atitudes você encha sua casa de alegria, como um raio de sol iluminando seu caminho... bem, isso já terá sido mais do que esperei nos meus melhores sonhos de cumprir bem a parte que me coube nesta existência. De todo modo, eu fico grata pela oportunidade de compartilhar com você um pouco daquilo que os elementais, os espíritos da natureza, estão nos dizendo por intermédio dos cristais.

Possa a sua mesa ser farta todos os anos da sua existência e a sua família unida em saúde em torno dela.

Bibliografia

ALEXANDER, F. *Medicina Psicossomática — princípios e aplicações*. Porto Alegre: Artes Médicas, 1989.

ANA MARIA. *Receitas Culinárias*. 7ª ed. São Paulo: Mercúrio.

BIANCARDI, R.M. *Cristais, terapia alternativa*. São Paulo: Berkana, 1998.

CAMPBELL, D. *Edgar Cayce on the power of color, stones, and crystals*. Nova York: Warner Books, 1989.

CAYCE, E. *Gems & Stones*. Virginia Beach: A.R.E, 2002.

_____ *Auras — An Essay on the Meaning of Colors*. Virginia Beach: A.R.E., 2002.

CHASE, P., PAULIK J. *A Transformação Pessoal Através dos Cristais*. São Paulo: Pensamento, 1997.

COMENALE, R. *Elixires de Cristais e Essências Florais nas Curas Vibracionais*. São Paulo: Roca, 1996.

CUNNINGHAM, S. *Enciclopédia de cristais, pedras preciosas e metais*. São Paulo: Gaia, 1999.

DAHLKE, R. *A doença como símbolo*. São Paulo: Cultrix, 1996.

DETHLEFSEN, T. e DAHLKE, R. *A doença como caminho*. São Paulo: Cultrix, 1997.

DYCHTWALD, K. *Corpomente*. 3ª ed. São Paulo: Summus.

DUNCAN, A. *O caminho das pedras*. 2ª ed. Rio de Janeiro: Nórdica, 1998.

GURUDAS. *Gem Elixirs and Vibrational Healing* — Vol. I — San Raphael: Cassandra Press, 1985.

_____ *Gem Elixirs and Vibrational Healing* — Vol.II — San Raphael: Cassandra Press.

JOHNSON, S. *A essência da cura — Um guia das essências do Alasca*. 1ª ed. São Paulo: Triom, 2001.

KARP, R. A. *The Edgar Cayce Encyclopedia of Healing*. Nova York: Warner Books, 1999.

KEYTE, G. *O cristal místico — Expandindo sua consciência do cristal*. São Paulo: Rocca, 1995.

LANDSDOWNE, Z. F. *Chacras e a cura esotérica*. São Paulo: Roca, 1991.

LARA, B. *Elixires de Cristais — Novo Horizonte da Cura Interior*. São Paulo: Pensamento, 2004.

LEADBEATER, W. *Os chacras — Os centros magnéticos vitais do ser humano*. São Paulo: Pensamento, 1995.

McGAREY, W. A. *The Edgar Cayce Remedies*. Nova York: Bantam, 1983.

P.-V. PIOBB. *Formulário de alta magia* — 2ª ed. Rio de Janeiro: Francisco Alves, 1987.

☆ A Cozinha dos Alquimistas

PAPUS. *Tratado elementar de magia prática*. São Paulo: Pensamento.

PÖTTINGER, H. *Harmonia e força curativa das pedras preciosas*. Innsbruck, Áustria: Pinguin, 1994.

REVISTA CLAUDIA. *As melhores receitas de Cláudia*. São Paulo: Ed. Abril, 1971.

ROBERT C. ATKINS. *A dieta revolucionária do Dr. Atkins*. 3ª ed. São Paulo: Círculo do Livro, 1975.

SILVA, M. A. DIAS. *Quem ama não adoece*. São Paulo: Best Seller.

SIMPSON, L. *O livro da cura pelos cristais*. São Paulo: Manole, 1999.

STARK, K., MEIER, W. E. *Prevenções e cura com pedras — a mais pura energia*. Ed. Robafim.

STEIN, D. *Curando com essências de flores e pedras preciosas*. São Paulo: Pensamento.

SULLIVAM, K. *A magia dos cristais — a descoberta consciente do poder das pedras*. Rio de Janeiro: Ed. Objetiva.

SCHUMANN, W. *Gemas do mundo*. 8ª ed. Rio de Janeiro: Ed. Ao Livro Técnico, 1995.

TARNOWER, H. e BAKER, S.S. *A dieta médica de Scarsdale*. 4ª ed. Rio de Janeiro: Record, 1978.

UYLDERT, M. *A magia das pedras preciosas*. São Paulo: Pensamento, 1993.

VALCAPELLI e GASPARETTO. *Metafísica da Saúde — Vol. 1. Sistemas respiratório e digestivo*. 3ª ed. São Paulo: Centro de Estudos Vida e Consciência, 2001.

_____ . *Metafísica da Saúde — Vol. 2 . Sistemas circulatório, urinário e reprodutor*. 2ª ed. São Paulo: Centro de Estudos Vida e Consciência, 2002.

Sobre a autora

Berenice de Lara uniu o útil ao agradável. O alimento do corpo e o da alma vão entrar agora em perfeita harmonia. *A Cozinha dos Alquimistas* não é apenas mais um livro de culinária, mas um verdadeiro ensinamento do equilíbrio espiritual por meio dos Elixires de Cristais Dharma.

Ao longo deste caminho nos reeducamos e aprendemos que uma das coisas mais importantes na vida é uma alimentação equilibrada não apenas em termos de nutrição, mas também em termos energéticos, alinhada com nosso espírito e nossa mente.

Cada receita é, sem dúvida, uma viagem pelas delícias da cozinha, talvez o lugar mais aconchegante e vivo da nossa casa.

Então, mãos à obra, bom apetite e não se esqueça: equilíbrio, harmonia e, acima de tudo, uma boa pitada de amor são os ingredientes que não podem faltar na sua alimentação e na vida.

Para adquirir os Elixires de Cristais Dharma

Ligue

Em São Paulo

Tels.: (11) 9274-0474 / 3813-5433

www.dharma.essences.com

dharma@dharma-essences.com

Distribuidores Dharma em outros locais

Em Ourinhos — SP

Maria de Fátima Rodrigues Silva (14) 3324-6690

Em Erechim — RS

Lourenço Dalla Rosa (54) 522-1009 / 9998-6796

Fazemos remessa para todo o Brasil

Tire uma cópia desta folha e recorte, para fazer seus cartões.
Sempre que for presentear alguém com uma caixinha de doces ou
bolachinhas, um pão ou uma rosca, escreva sua mensagem pessoal.

De: _____

Para: _____

De: _____

Para: _____

De: _____

Para: _____

De: _____

Para: _____

De: _____

Para: _____

De: _____

Para: _____